WIE PERLEN AUF EINER SCHNUR

francke

Über die Autorin:

Lotte Bormuth ist eine der erfolgreichsten christlichen Autorinnen Deutschlands. In über 80 Buchtiteln hat sie mit Lebensbildern und eigenen Erlebnissen vielen Menschen Trost, Freude und Glaubensmut vermittelt. Sie hat fünf Kinder und 15 Enkel und lebt mit ihrem Mann in Marburg.

Bibliografische Information Der Deutschen Bibliothek
Die Deutsche Bibliothek verzeichnet diese Publikation in der
Deutschen Nationalbibliografie;
detaillierte bibliografische Daten sind im Internet
über http://dnb.ddb.de abrufbar.

ISBN 978-3-86827-308-3
© 2012 by Verlag der Francke-Buchhandlung GmbH
35037 Marburg an der Lahn
Umschlagbild: © rotoGraphics / Shotshop.com
Umschlaggestaltung: Verlag der Francke-Buchhandlung GmbH
Christian Heinritz
Satz: Verlag der Francke-Buchhandlung GmbH
Druck: Bercker Graphischer Betrieb, Kevelaer

www.francke-buch.de

INHALTSVERZEICHNIS

EIN BESONDERER BRIEF

Heute habe ich im Postkasten einen besonderen Brief vorgefunden. Seine Nachricht hat mich von meinem bangen Warten endlich befreit. Schon die beigelegte Karte mit der ermutigenden Aussage von Ruth Heil hat mein Herz höher schlagen lassen. Sie lautete: „Wer weiß, dass seine Zeit in Gottes Händen steht, starrt nicht voller Angst auf das Morgen. Wenn Gottes Zeit erfüllt ist, wird er handeln und niemand wird ihn aufhalten."

Ich werde mir diese Karte auf meinen Schreibtisch stellen. Sie wird mir helfen, wenn bedrückende Gedanken, Sorgen und Ängste mir zu schaffen machen. Dann will ich aufblicken zu meinem Herrn Christus und mir die Gewissheit zu eigen machen: Gott wird wahrhaftig handeln. Seine Zeit ist nicht immer meine Zeit, und ich muss mich in Geduld üben, einer Gabe, die mir bei meiner Geburt nicht in die Wiege gelegt worden ist. Mein Herr wird mich nicht aus den Augen verlieren.

Auf der Rückseite der Karte las ich dann

die beglückende Nachricht. Ich wusste um den großen Kummer von Familie Schmitz. Die Mutter hatte mich vor Monaten zu einer Tasse Kaffee eingeladen und mir dabei Einblick in die schrecklichen Angstzustände gewährt, in der sie leben muss. Ihr jüngster Sohn Jonathan war in eine Gruppe rechtsradikaler Fanatiker geraten, und diese hatte ihn mit ihren teuflischen Ideologien in ihren Bann gezogen. Stark war Jonny, wie er immer von seinen Kumpels genannt wurde, sehr stark. Als Schlosser hatte er kräftige Muskeln und wusste sie auch zu gebrauchen. Er wusste, wie man einen Hammer schwingt. Wenn diese radikale Gruppe zu einer Demonstration loszog, um Unruhe und Rabatz zu machen, wurde Jonny von seinen Kumpanen immer in die erste Reihe gestellt. Für seine Eltern war es eine bedrängende Erfahrung, als sie die Veränderung in seinem Wesen feststellten. Schon sein Äußeres diente dazu, anderen Angst einzuflößen. Man sah es ihm sofort an, dass er zu den Rechtsradikalen gehörte. Es ist schwer zu erklären, was den Sohn christlicher Eltern auf eine solch schiefe Bahn gebracht hat.

In dieser Gruppe war es in einer Diskothek

zu einer Schlägerei gekommen. Da auch er an dem Silvesterabend dabei war, wurde ihm unterstellt, er habe den Diskobesitzer krankenhausreif geschlagen. Die Staatsanwaltschaft erhob Anklage wegen schwerer Körperverletzung. Nun folgte ein langes Warten auf den Prozess. Immer wieder beteuerte Jonny: „Ich war zwar in der Disco, habe aber niemanden geschlagen." Die gekauften Zeugen sagten gegen ihn aus. Was Eltern in einer solchen Situation zu ertragen haben, ist leicht vorstellbar. Aus diesem Grunde hatte mich auch Frau Schmitz um Gebetsunterstützung gebeten. Gern bin ich ihrem Wunsch nachgekommen. Und dann traf nach einigen Monaten die erlösende Nachricht ein. Die Mutter schrieb mir:

„Liebe Frau Bormuth,
Jonny ist wieder zu uns in die Wohnung eingezogen, nachdem er zunächst in dieser für ihn bedrohlichen Zeit bei einem Freund untergekommen war. Nun war nach langem Warten endlich die Gerichtsverhandlung. Unser Sohn wurde freigesprochen. Ich kann Ihnen gar nicht sagen, wie erleichtert wir alle sind. Darüber möchten wir Gott loben.

*Vielen Dank auch Ihnen für Ihre Gebete.
Sie sind wie Perlen vor Gottes Gnadenthron.
Herzliche Grüße in der Verbundenheit des
Glaubens an Jesus.
Ihre Ingrid Schmitz. "*

Gebet eines älter werdenden Menschen:

Herr, du weißt es besser als ich,
dass ich von Tag zu Tag älter und eines Tages
alt sein werde.
Bewahre mich vor der großen Leidenschaft,
die Angelegenheit anderer ordnen zu wollen.
Lehre mich, nachdenklich, aber nicht grüb-
lerisch zu sein.
Bei meiner Ansammlung von Erfahrungen
tut es mir leid,
sie nicht weitergeben zu können.
Aber du verstehst, Herr,
dass ich mir ein paar Freunde erhalten
möchte.
Lehre mich schweigen über meine Krank-
heiten und Beschwerden.
Sie nehmen zu, und die Lust, sie zu be-
schreiben,
wächst von Jahr zu Jahr.
Ich wage nicht, die Gabe zu erflehen,
die Krankheitsbeschreibungen anderer mit
Freuden anzuhören.
Aber lehre mich, sie geduldig zu ertragen.
Ich wage nicht, um ein besseres Gedächtnis
zu bitten,

nur um etwas mehr Bescheidenheit und etwas mehr Bestimmtheit,
wenn mein Gedächtnis nicht mit dem der anderen übereinstimmt.
Lehre mich die wunderbare Einsicht, dass ich mich irren kann.
Erhalte mich so liebenswürdig wie möglich.
Lehre mich, an anderen unerwartete Talente zu entdecken,
und verleihe mir, Herr, die schöne Gabe, sie auch zu erwähnen.

(Verfasser unbekannt)

JAPAN IN NOT

In Wehretal war ich zu einem Frauenfrühstück eingeladen. Über 220 Besucherinnen waren gekommen. Das lässt das Herz einer Referentin höher schlagen. Und doch wollte sich bei mir nicht so recht die Freude einstellen. Das Erdbeben, der Tsunami und die drohende Reaktorkatastrophe in Japan legten sich schwer auf mein Gemüt. Die Tagesschau brachte uns die schrecklichen Bilder direkt ins Wohnzimmer. Nun stand ich auf der Bühne und sollte mit meinem Vortrag beginnen. Ich sah die vielen Frauen vor mir und war bewegt. Sollten wir uns jetzt nicht alle zusammenschließen und im Gebet Gott um Hilfe und gnädige Bewahrung bitten? Mein Vorschlag fand bereite Herzen. So falteten wir unsere Hände, und ich bat Gott innig, er möge doch den Menschen in Japan beistehen, die Trauernden trösten, den Hungernden das tägliche Brot reichen, den notleidenden Obdachlosen ein Dach über dem Kopf geben und die Menschen vor den tödlichen Atomstrahlen in Fukushima bewahren. Erst nach unserem Rufen zu Gott begann ich meinen Vortrag. Was war nun in Japan passiert?

Freitag, der 11. März 2011 war so ein Katastrophentag wie der 11. September 2001 in New York, als das World Trade Center zerstört wurde. Ein Erdbeben, dem eine fast 10 Meter hohe Flutwelle folgte, hatte Japan erschüttert. Es war das schwerste Erdbeben in der Geschichte dieses Landes, das eine Stärke von 9,0 aufwies. Die Zahl der Toten stieg von Tag zu Tag. Gerade wurden in den Morgennachrichten 28 000 Tote gemeldet. Noch steht die genaue Zahl nicht fest, und man befürchtet, dass sie gar nicht genau zu ermitteln ist. Es ist eine Tragödie sondergleichen.

Und doch erreicht uns ab und zu eine Glücksmeldung. So wurden eine achtzigjährige Großmutter und ihr sechzehnjähriger Enkel noch lebend aus den Trümmern geborgen. Über acht Tage hatten sie unter Schutt und Asche begraben gelegen. Sie litten unter Hunger und Atemnot und vor allen Dingen unter heftigem Durst. Schwach und elend wurden sie auf eine Trage gelegt und in ein Krankenhaus befördert. Trotz all der entsetzlichen Qual legte sich nach ihrer

Errettung doch ein Lächeln auf ihre Gesichter. Endlich sahen sie die Sonne wieder und konnten tief durchatmen. Diese Rettung kommt einem grandiosen Wunder gleich. Auch den Bergungstrupps war die Erleichterung über den Erfolg ihrer Rettungsarbeit anzusehen. Ihre große Mühe, oft unter Lebensgefahr, und ihr Einsatz waren belohnt worden.

Neben dem Einsturz der Häuser schwappte kurz danach eine Tsunamiwelle ins Land. Über die Breite von fünf Kilometern riss sie am Ufer alles mit sich: Autobahnen, Brücken, Autos, Menschen, Schiffe und Gebäude. Vor allen Dingen wurde der fruchtbare Boden einer ganzen Region weggespült, und es ist ungewiss, ob und wann wieder auf den Feldern gesät und geerntet werden kann. Viele Tote, die die Wellen ins Meer rissen, werden wohl nie wieder ans Land getragen werden. Hunderttausende sind nun obdachlos geworden, weil sie buchstäblich alles verloren haben. Die Regierung hat versucht, Notquartiere zu schaffen, und so hausen diese Menschen in Turnhallen und leer stehenden Kasernen. Draußen herrschen noch Minusgrade, und der Schnee fällt vom

Himmel. Da der Strom ausgefallen ist, gibt es keine Heizungsmöglichkeit. Decken für so viele Menschen sind nicht so schnell zu beschaffen. Und wenn sie von anderen Nationen gespendet werden, dann fehlt es an befahrbaren Straßen, auf denen sie zu den Notleidenden gebracht werden können. So hungern, frieren, dürsten und leiden diese heimatlos Gewordenen in den Massenquartieren. Ihnen ist nur noch die Trauer um ihre Lieben geblieben, die verschüttet unter den Trümmern liegen oder ins Meer gespült wurden. Wo früher in ihren Dörfern und Städten prachtvolle Häuser standen, sind nur noch Ruinen übrig geblieben. Wer kann diese Not ermessen? Die ganze Welt wird von dem Unglück in Atem gehalten.

Gerade Japan, ein Staat, der durch die Atombomben in Nagasaki und Hiroshima im August 1945 schon einmal schlimmstes Leid erfahren musste, ist nun durch die Atomreaktoren im Norden wieder in eine Katastrophe geraten. Sechs Reaktoren stehen ganz in der Nähe des Meeres und wurden durch das Erdbeben in schwerste Mitleidenschaft gezogen. Seit Tagen kämpfen Ingenieure und ihre Mitarbeiter gegen den

Austritt radioaktiver Strahlen und können es doch nicht verhindern. Auf den Feldern ist das Gemüse verstrahlt. Milch und Trinkwasser sind verseucht und dadurch ungenießbar geworden. Die Bauern bangen um ihre Existenz und fragen sich, ob sie überhaupt noch einmal ihre Felder bewirtschaften können. Kühe irren durch die Gegend und finden kein sauberes Trinkwasser und Futter mehr. Die Bewohner dieser Region wurden im Umkreis von 20 Kilometern evakuiert, und noch ist es nicht sicher, ob nicht weitere Gebiete entvölkert werden müssen.

Als die Amerikaner 1945 ihre Atombomben auf die beiden Großstädte abgeworfen haben, hat man die Folgen der radioaktiven Verstrahlungen bitter erfahren. Allein in Hiroshima starben über 200 000 und in Nagasaki 70 000 Menschen. Bis heute leiden die Bewohner unter den Folgen dieser Verstrahlungsschäden. Kinder und Kindeskinder wurden mit schwersten Behinderungen geboren. Leukämie ist weit verbreitet. Eigentlich wussten die Regierenden um die Bedrohung durch die Atomreaktoren, die man in späteren Jahren gebaut hat, um Strom zu gewinnen. Aber sie glaubten wohl doch, die Risiken im Griff zu haben. Erst das Erdbeben hat gezeigt, dass dies nicht der Fall ist. Das Unvorstellbare ist doch Realität geworden, und für die Beschreibung dieser Katastrophen reicht nur noch der Begriff „apokalyptisch" aus, was uns an die Schilderungen der Offenbarung in der Bibel erinnert. Feuer und Wasser, die Urgewalten in der Natur und dazu noch die Atomenergie sind von uns Menschen nicht beherrschbar und können jederzeit aus unserer Kontrolle geraten.

Uns bleibt nur, diesen betroffenen Menschen unser Mitgefühl, unsere Hilfe und unser Gebet anzubieten. Wo wir können, wollen wir auch durch finanzielle Mittel helfen, diese Not zu lindern. So haben wir bei einem Fürbittegottesdienst in unserer Gemeinde die Kollekte für Japan bestimmt, und ein sehr hohes Opfer ist erbracht worden. Auch wurden Christen bereit, Japanmissionare, die das Land verlassen mussten, in ihre Wohnungen aufzunehmen. Unsere Missionare sagen: „Wir gehen im Schmerz und unter Tränen aus unseren Arbeitsgebieten und wären doch so gerne bei diesen Menschen hier geblieben, zu denen wir uns von Gott gesandt wissen. So steht die Frage im Raum: Wie soll es im Dienst des Reiches Gottes weitergehen? Was soll dieses Reden unseres Herrn für uns bedeuten? Es sind die gleichen Fragen, die auch schon 1995 die Bewohner in Kobe gestellt haben, als diese Stadt in Japan vom Erdbeben heimgesucht wurde. Damals musste man mehr als 5000 Tote beklagen. Auch die Station der Marburger Mission war davon betroffen und lag zerstört am Boden. Zum Glück wurden alle Missionsgeschwister vor dem Tod bewahrt. Später berichteten sie von wahren Wundern, die sie erlebten. Japan ist ein Land, in dem Erdbeben häufig vorkommen, weil hier zwei Erdplatten aufeinanderstoßen. Die Menschen wissen um die drohende Gefahr. Beben in der Stärke 5 bis 6 sind gerade noch normal und werden schon gar nicht ernst genommen. Aber jetzt ist Schreckliches geschehen. Der Schock sitzt tief. Wir können nur zu Gott beten: Herr, erbarme dich unser!

Im Lager
Litzmannstadt

In Litzmannstadt dem heutigen Lodz, war unser letzter Lageraufenthalt, bevor wir im Warthegau neu angesiedelt wurden. Mein Vater war gebeten worden, während dieser Zeit einen Lehrer, der für längere Zeit krank war, im Unterricht zu vertreten. Nun waren wir nicht mehr in Quarantäne, sondern durften uns frei bewegen. Wir wohnten mit der Schwester meines Vaters und ihrer Familie in einem Haus in Waldhorst und teilten uns das obere Stockwerk mit ihnen. Hier war es uns zum ersten Mal erlaubt, uns selbst zu versorgen. Die Lebensmittel wurden uns zugeteilt. Aber da ja Krieg herrschte, war die Versorgung recht notdürftig. Eines Tages brachte nun mein Vater ein geschlachtetes Huhn in unsere „Villa". Wie er zu diesem Vogel gekommen war, weiß ich nicht. Aber es war für uns schon ein großes Ereignis. Ich vermute, dass ihm die Eltern eines seiner Schüler zu diesem köstlichen Huhn verholfen hatten. Ich sehe noch, mit welch großem

Eifer meine Mutter mit ihrer Schwägerin in der Küche gewirtschaftet hat. Die Nudeln wurden nach bessarabischer Weise natürlich selbst gemacht. Als die Suppe fertig gekocht war, saßen wir mit zehn Personen um den runden Tisch. Das war ein herrliches Mittagessen, ein rechter Genuss. Jedes Hühnerbein wurde sorgfältig abgeknabbert und jedes Flügelchen mit Wonne verspeist. Schließlich sagte mein Onkel: „In Deutschland schmecken die Knochen besser als in Bessarabien das Fleisch." Alles lachte. Nie wieder hat mir eine Hühnersuppe so gut geschmeckt wie damals in Litzmannstadt. Noch heute denke ich gerne an diesen Tag zurück. Gott hatte uns in unserer Bedürftigkeit einen wunderbaren Tisch gedeckt.

DAS KLASSENTREFFEN

Nach 25 Jahren trafen wir ehemaligen Abiturienten uns an unserem alten Schulort Rotenburg an der Fulda. War das ein frohes Grüßen und ein lebhaftes Gespräch. Bei einer Tasse Kaffee saßen wir beisammen und tauschten uns darüber aus, wie es uns in den vergangenen Jahren ergangen war. Nun waren wir nicht mehr Schüler, sondern Rechtsanwälte, Ärzte, Pfarrer, Studienräte, Richter, Mütter und Hausfrauen. Familienfotos machten die Runde, und ich war wohl mit meinen vier Söhnen und einer Tochter die kinderreichste Mutter. Ich hatte ja noch während meines Theologiestudiums geheiratet. Unser Klassenlehrer, Herr Söldner, war auch unter uns. Er hatte damals Mathematik unterrichtet. Ich war in diesem Fach keine gute Schülerin. Deshalb saß ich ihm auch jetzt recht zurückgezogen gegenüber. Er war ein sehr guter Pädagoge, und sein Unterricht war spannend. Wenn er etwas an der Tafel erklärte, konnte ich es verstehen und ihm folgen. Aber leider war er uns erst in der Oberstufe zugeteilt worden. In der Mittelstufe wurden wir von einem Studienrat unterrichtet, bei dem ich kein Wort verstanden habe. Wenn ich ihn bat, mir eine Gleichung noch einmal zu erklären, brüllte er mich nur an: „Du blöde Kuh, was suchst du überhaupt auf dem Gymnasium. Du hättest besser in der Hilfsschule bleiben sollen." Vor diesem Lehrer hatte ich regelrecht Angst. Ich habe ihn nach diesem Anpfiff nie wieder gebeten, mir irgendetwas zu erklären. Drei Jahre musste ich ihn ertragen und von der Zwei rutschte ich auf die Drei, von der Drei auf die Vier und schließlich landete ich auf einer Fünf. Für unseren Mathematiklehrer in der Obersekunda war ich keine gute Neuerwerbung. Bei jeder Klassenarbeit habe ich Ängste ausgestanden. Wenn die Hefte zurückgegeben wurden, lag meines ganz unten bei den schlechten. Die Lücken, die ich mir in der Mittelstufe eingefangen hatte, konnte ich bei Herrn Söldner nicht wieder wettmachen. Ich habe nie begriffen, wie man Gleichungen löst. So hat die Note Mangelhaft in Mathematik mir das Abiturzeugnis kräftig versalzen. Es ist verständlich, dass ich nun gegenüber unserem ehemaligen Klassenlehrer recht befangen war. Das hat er wohl gemerkt. Er setzte sich zu mir und begann ein interessantes Gespräch. Ich meinte, mich für meine schlechten Leistungen bei ihm entschuldigen zu müssen. Er aber wehrte ab: „Lotte, Sie waren in den anderen Fächern wie Englisch, Französisch, Latein, Deutsch, Religion, Musik und Geschichte recht gut. In den Sprachen waren Sie sogar hervorragend. Sie haben Ihr Abitur problemlos geschafft. Vor allem habe ich Ihre innere Haltung sehr bewundert. Ihre Klassenkameraden haben mir mal auf einer Wanderung erzählt: ‚Lotte ist ein netter Kumpel. Mit ihr kann man Pferde stehlen.‘ So haben Sie zu einem guten, kameradschaftlichen Verhalten beigetragen. Wenn ich an unsere Klassenfahrten an die Bergstraße und später nach Innsbruck in die Alpen denke, haben Sie uns mit Ihrem köstlichen Humor oft zum Lachen gebracht. Übrigens möchte ich mich bei Ihnen noch für Ihr Buch bedanken, das Sie mir mit einer Widmung zugeschickt haben. Vor allem was Sie über das Sterben Ihres Vaters schreiben, hat mich tief beeindruckt. Ihnen muss ich es abnehmen, dass Sie eine gläubige Christin sind. Am Ende meines Lebens bewegt mich die Frage intensiv: Was kommt nach dem

Tod? Ich bewundere Menschen wie Sie, die solch zuversichtliche Hoffnung haben."

Die Angst, vor meinem früheren Lehrer als Versagerin zu gelten, wich von mir, und es wurde für mich ein schöner Nachmittag. Mit dem Fach Mathematik wurde ich völlig ausgesöhnt.

Viele Jahre später hatte ich ein beeindruckendes Erlebnis. Im Hause einer meiner Söhne herrschte Krach. Ich trat in die Tür und hörte schon von Weitem, wie meine Schwiegertochter sehr ärgerlich war und laut schimpfte. „Junge, habe ich dir nicht gesagt, dass du in der Schule besser aufpassen musst? Außerdem musst du lernen, dich besser zu konzentrieren. Setz dich auf den Hosenboden und fang an, ordentlich deine Schulaufgaben zu machen. Jetzt hast du in Mathematik eine Vier minus, und das nächste Mal rutschst du auf eine Fünf." Mit Tränen in den Augen saß der kleine Kerl vor mir. Er tat mir schrecklich leid. Sagen durfte ich ja nichts. Als Großmutter ist mir die Einmischung in die Erziehung meiner Enkel nicht erlaubt. Schweigen muss ich lernen, liebhaben und trösten. So nahm ich den Drittklässler in meine Arme, drückte ihn an mich und strich ihm behutsam über das Haar. „Mein Schatz, sei nicht traurig. Denk daran: Deine Oma hat sogar im Abiturzeugnis eine Fünf in Mathematik gehabt." Das Kind schaute auf: „Oma, du? Und dann bist du doch noch Schriftstellerin geworden?" Ich wischte ihm die Tränen aus den Augen. Der Junge schluchzte noch einmal auf, und dann ging es ihm besser. Aber dann machte ich meinem Enkel noch den Vorschlag, dass ich mich in Zukunft jeden Tag um fünf Uhr mit ihm treffen wollte, und wir würden rechnen, lesen und schreiben üben. Damit war das Kind einverstanden.

Vier Monate später schickte mir seine Lehrerin zu Weihnachten einen Brief: „An die Lese- und Rechenomi." Darin bedankte sie sich für meinen erfolgreichen Einsatz. Ihr Schüler hatte enorme Fortschritte gemacht.

Für mich war dieser Brief ein wunderbares Erleben. Ich erkannte, dass sogar mein Versagen Frucht getragen hatte und dazu noch mein Enkelkind zu trösten vermochte.

MEIN RABE JONATHAN

Jeden Morgen besucht mich auf meiner Terrasse ein Rabe. Er ist kräftig und groß, hat weit ausladende Flügel und ist ein wundervoller Vogel. Ich habe ihm in einem Topf Essensreste ausgelegt, und sie scheinen ihm gut zu munden. So ist mir dieses Tier ein freundlicher, angenehmer Gast bei meinem Frühstück geworden. Nur zwei Meter von mir entfernt sitzt er auf den weißen Steinfliesen. Ich begrüße ihn immer mit einem Lächeln durch das Fenster, und er scheint sich an meinen Anblick gewöhnt zu haben. Er fliegt nie weg, auch wenn ich mich auf ihn zubewege. So liebe ich dieses herrliche Geschöpf. Wenn er gesättigt ist, fliegt er mit seinen ausgebreiteten Schwingen auf unser Hausdach, und ich folge ihm mit meinen Blicken.

Den Namen Jonathan habe ich ihm gegeben, denn diesen Namen liebe ich. Jonathan erinnert mich an Elias Raben. Bekümmert, ja verzweifelt saß der Prophet in der Öde und Einsamkeit. Allen Mut hatte er verloren. Gerade heute Morgen habe ich mir die

Geschichte in der Bibel noch einmal durch-
gelesen. Sie steht in 1. Könige 17,1-6. Dort
wird uns berichtet, wie Gott dem Elia eine
schwere Aufgabe überträgt. Er muss seinem
König Ahab eine Zeit der Dürre ankündi-
gen. Über Jahre sollte kein Regen vom Himmel fallen, und auf den Weiden würde der
erfrischende Tau fehlen. Dadurch ist eine
Hungersnot vorausgesagt. Ahab ist über diese Gerichtsbotschaft empört und trachtet
Elia nach dem Leben. Anstatt den Bußruf
Gottes zu hören und sich seinem Gericht zu
beugen, verharrt der König weiter in seiner
Gottlosigkeit. Die Hungersnot ist nicht mehr
aufzuhalten. In dieser auch für den Propheten bedrohlichen Situation erteilt ihm Gott
eine klare Weisung: „Elia, flieh bis zum Bach
Krit! Dort sollst du vor denen sicher sein, die
dir nach dem Leben trachten. Trink das frische Wasser des Baches und dann warte auf
die Raben. Sie werden morgens und abends
heranfliegen und dich mit Brot und Fleisch
versorgen. Du sollst keinen Mangel leiden!"
    Ist es da nicht verständlich, dass Elias Ra-
ben zu meinen Lieblingsvögeln gehören?
Oft schon habe ich nach ihnen Ausschau
gehalten, und sie sind geflogen und haben

mich und meine große Familie versorgt, mir die Angst vor dem Unglück genommen und sind mir zu wunderbaren Boten meines Herrn geworden. Ein Beispiel ist mir dabei eindrücklich geworden.

Wir hatten eine reich gesegnete Freizeit in Reudnitz erlebt. Mit fast 50 Teilnehmern waren wir eine stattliche Zahl. Jeden Morgen trafen wir uns zum Gebet und kamen dann zur Bibelarbeit zusammen. Die Psalmen gaben uns Wegweisung, wie wir mit Gott leben und ihm dienen können. Die Nachmittage hielt ich mir für seelsorgerliche Gespräche frei, und so kamen die Frauen zu mir, um mir ihre Nöte und ihren Kummer mitzuteilen. Gott wirkte Aufrichtigkeit und klare Schuldbekenntnisse. Hernach beim Verabschieden, als wir wieder nach Hause fahren wollten, drückten mir einige Teilnehmer dankbar die Hand. „Danke, Frau Bormuth, Sie haben mir geholfen, die jahrelange Last hier loszuwerden. Nun kann ich befreit heimfahren." Gott hatte gewirkt. Etwas abgekämpft, aber doch froh fuhr ich wieder nach Marburg. Nun konnte ich mich von meinem Dienst erholen. Aber zu Hause wartete eine Hiobsbotschaft auf uns. Während unserer Abwesenheit war bei uns eingebrochen worden. Die Außentür war eingeschlagen, und so konnten die Diebe in unsere Wohnung gelangen. Es ist uns nicht allzu viel geraubt worden. Geld bewahren wir bei uns im Haus nicht auf, und wertvollen Schmuck besitze ich nicht. Aber die demolierte Tür musste wieder erneuert werden. Außerdem machte mir der Gedanke Angst, dass die Räuber wiederkommen könnten. Die erste Nacht in meinem Bett habe ich fast gar nicht schlafen können. Mich ärgerte es auch, dass die Kühltruhe zu einem großen Teil leer geräumt worden war.

Aber dann erlebten wir buchstäblich, wie Elias Raben uns versorgten. Eine Freundin schenkte uns Honig – in ihrem Garten stehen einige Bienenkörbe – von einer Bekannten erhielt ich gleich mehrere Gläser Marmelade. Außerdem bescherte uns der Monat Mai hervorragendes Wetter, sodass wir im Juni wieder die herrlichsten Erdbeeren ernten konnten. Die Gefriertruhe wurde wieder mit köstlichen Beeren gefüllt.

Elias Raben sind mir in notvollen Zeiten zu dienstbaren Boten Gottes geworden. „Ja, die Raben fliegen noch!", rufe ich aus, wenn wieder ein Schwarm über unserem Haus seine krächzenden Schreie ausstößt. Ein Biologe hat mir zwar einmal erklärt, dass es in unserer Region kaum noch Raben gäbe. Aber für mich sind und bleiben diese schwarzen Krähenvögel Elias Raben. Sie ermahnen mich nicht nur, sondern trösten mich auch. So bleibt der Rabe Jonathan mein guter Freund, und ihm will ich weiter den Topf auf der Terrasse füllen.

DER STREIT UM
DAS ERBE

Es war eine stürmische Novembernacht. Der Wind heulte um die Häuser, und der Regen klatschte mit voller Wucht gegen die Scheiben. An Schlaf war bei mir nicht zu denken. So kroch ich aus meinen Federn, setzte mich in den Sessel und vertiefte mich in Kurzgeschichten von Somerset Maugham. Plötzlich, kurz vor Mitternacht, klingelte unser Telefon. Eine Stimme klagte: „Sind Sie Frau Bormuth? Darf ich Sie zu solch später Stunde noch stören? Ihre Telefonnummer fand ich in Ihrem letzten Buch, das ich gerade lese. Ich muss mit Ihnen reden, denn ich bin verzweifelt. Eben erreichte mich der Anruf meines Schwagers. Meine Schwester habe sich das Leben genommen. Auf dem Dachboden habe er sie erhängt vorgefunden. Ich bin darüber sehr erschüttert. Aber das Schlimmste für mich ist die Anklage, dass ich an ihrem Tod schuld sei. Im Wohnzimmer hatte mein Schwager einen Abschiedsbrief vorgefunden. Darin schrieb meine Schwester:

,Lieber Georg, so kann ich nicht weiterleben. Ich bin zutiefst betroffen über das, was Juliane mir angetan hat. Unser Verhältnis zueinander war ja nie sehr gut. Aber was ich jetzt erfahren habe, schlägt dem Fass den Boden aus. Juliane hatte ja unseren Vater nach einem Schlaganfall bei sich aufgenommen und ihn gepflegt. Diese Fürsorge für den gelähmten Vater habe ich ihr hoch angerechnet. Nun ist er aber in diesem Herbst gestorben, und Juliane hat sein Zimmer ausgeräumt und seine Sachen zwischen uns aufgeteilt. Ich erhielt den Fernseher, seine Bücher und einige Bilder, die aber von keinem großen Wert sind.

Juliane gab sich mit den alten Möbeln von Vater zufrieden und erbat sich noch unsere wertvolle Standuhr. Ich war mit der Aufteilung des Erbes zufrieden und freute mich über Vaters wertvolle Bücher.

Aber nun habe ich auf Umwegen von Julianes Putzfrau erfahren, dass Vater in seinem Kleiderschrank eine Kassette aufbewahrt habe, in der 47 000 Euro lagen.

Vater hatte seine Ersparnisse nicht zu einer Bank gebracht. Wahrscheinlich schien ihm da das Geld nicht sicher zu sein. Diese

47 000 Euro hat sich Juliane stillschweigend unter den Nagel gerissen, weil sie davon ausging, dass ich nie etwas von den Ersparnissen meines Vaters erfahren würde. Aber nun hat mir die Zugehfrau alles mitgeteilt. Warum hintergeht mich meine Schwester? Ich habe ihr immer vertraut. Diese Verletzung kann ich nicht ertragen und so scheide ich aus dem Leben.

Verzeih mir, Georg, aber ich kann nicht anders.

Deine Elisabeth.'

Mein Schwager las mir den Brief wortwörtlich vor, und ich musste ihm recht geben. Wie soll ich mit dieser schweren Schuld weiterleben? Ich habe meinen Vater betrogen und zudem bin ich noch schuld am Tod meiner Schwester. Was soll ich bloß tun, Frau Bormuth? Müsste ich mir nicht auch den Strick nehmen?"

In dieser Nacht habe ich noch lange mit Juliane geredet. Mir war ein Satz der Bibel wichtig: „Wo die Sünde mächtig geworden ist, da ist Gottes Gnade noch viel mächtiger." Aber meine Worte konnten sie in ihrer Verzweiflung nicht erreichen. Ich habe dann den Notfallseelsorger in ihrem Ort angerufen, der Juliane noch in der Nacht aufsuchte. Meine Angst um sie war nämlich groß. Später erfuhr ich, dass diese Gefahr abgewendet werden konnte.

Erbstreitigkeiten zerstören oft Familienbande und reißen auseinander, was zusammengehört. Zankereien und Betrug verletzen tief und können sogar töten. Ich selbst will mir die Warnung des Jakobus in der Bibel gefallen lassen: „Woher kommt der Kampf unter euch, woher der Streit? Kommt's nicht daher, dass in euern Gliedern die Gelüste gegeneinander streiten? Ihr seid begierig und erlangt's nicht; ihr mordet und neidet und gewinnt nichts; ihr streitet und kämpft und habt nichts, weil ihr nicht bittet; ihr bittet und empfangt nichts, weil ihr in übler Absicht bittet; nämlich dass ihr's wieder für eure Gelüste vergeuden könnt" (Jakobus 4,1-3).

MIRKO

Vielen Menschen, die die Nachricht am Radio, in der Zeitung oder im Fernsehen verfolgt haben, wird der 3. September 2010 unvergessen bleiben. Ein Name wird sich uns allen tief einprägen: Mirko. An diesem Tag geschah in der Nähe seiner Eltern in Grefenrath ein schrecklicher Mord. Zunächst war von einer Entführung die Rede; denn das Kind war abends vom Spielen nicht wieder nach Hause gekommen. Entsetzlich muss für die Mutter, die müde von der Arbeit nach einem kurzen Telefonat mit ihrem Sohn schlafen gegangen war, der Anblick gewesen sein, als sie am nächsten Morgen das Bett ihres Jungen unbenutzt vorfand. Angst überfiel sie, und die Eltern informierten daraufhin sofort die Polizei. Noch hofften sie, dass ihr Zehnjähriger die Nacht vielleicht bei einem Freund zugebracht habe. Oder hatte er einen Unfall erlitten und lag nun in einem Krankenhaus? Den Gedanken an einen Mord wollten sie zunächst nicht wahrhaben. Sie suchten Trost und Hilfe im Gebet. Und mit den Eltern haben viele Christen, die ihre

Hände falten konnten, zu Gott gerufen. Diese Nachricht, dass Mirko vermisst sei, hat sich in Windeseile in ganz Deutschland verbreitet und ließ kaum einen Menschen unberührt. Ein Bangen, eine böse Ahnung, Angst und Weh erschütterten unser Land. Viele Hinweise gingen bei der Polizei ein, aber für die „Soko Mirko" zerschlug sich sehr bald jede Hoffnung, dass dem Kind nur ein Unfall zugestoßen sein könnte. Sie vermutete ein schweres Verbrechen, denn das Fahrrad von Mirko war in einem Straßengraben entdeckt worden. Dieses wunderschöne Gefährt, das Mirko zu seinem Geburtstag erhalten hatte, hätte der Junge nie und nimmer einfach in den Graben geworfen. Von diesem Fund an rechneten die Beamten mit dem Schlimmsten. Über tausend Polizisten durchsuchten akribisch die Gegend. Kein Busch und kein Gestrüpp blieben davon verschont. Außer den Suchtrupps, die durch den Ort rollten, kreisten noch Helikopter am Himmel. Reporter waren unterwegs, befragten Bewohner des Ortes, konnten aber keine Erfolgsmeldung verkünden. Je mehr Zeit verrann, desto mehr steigerte sich die Angst.

Vor dem Haus von Sandra und Reinhard

Schütter entzündeten Freunde und Schulkameraden viele Kerzen und legten Plüschtiere
nieder. Einige Kinder schrieben zum Gedenken an Mirko auch Briefe. Auf einem Bogen
war der Satz zu lesen: „Mirko, wir werden
dich nie vergessen!" Und die Eltern bekun-
deten: „Wir werden Mirko wiedersehen."
Damit wollten sie auch ihrer Hoffnung Ausdruck verleihen, denn sie sind gläubige Christen und gehören einer lebendigen Gemeinde
an. Auch wenn sie um die Botschaft von der
Auferstehung durch Christus wissen, brannte
doch ein tiefer Schmerz in ihrer Brust. Viele
Fragen blieben ungelöst. Aber es kommt ein
Tag, und er ist schon im Anbruch, an dem
werden sie Jesus keine Fragen mehr stellen
müssen. Dann wird er alle, die an ihn glauben, hineinnehmen in seine göttliche Welt.
Es wird dann kein Leid, kein Geschrei, keinen Schmerz und auch keinen Tod mehr geben. Aber noch sind Mirkos Eltern der harten
Wirklichkeit ausgesetzt und müssen monate-
lang mit dieser Ungewissheit leben.

Oft backt die Mutter köstlichen Kuchen
und leckere Kekse und stellt sie auf den
Tisch. Wenn ihr Sohn gefunden wird, soll
er gleich etwas Gutes zum Essen vorfinden.

Noch wissen sie nicht, dass Mirko ermordet wurde. In dieser Zeit des Bangens und Wartens klammerten sich die Eltern an das Bibelwort aus 2. Samuel 22,31: „Gottes Wege sind vollkommen; des Herrn Reden sind durchläutert. Er ist ein Schild allen, die ihm vertrauen." Diese Verheißung Gottes hat sie in der Bedrängnis stark werden lassen, auch wenn ihnen noch viele Tränen über die Wangen liefen und sie nachts keinen Schlaf finden konnten. Das Verschwinden ihres Sohnes hat ihnen das Vertrauen zu ihrem Vater in Himmel nicht rauben können. Menschen mit einer solch festen Gewissheit sind beneidenswert. In diesen grausamen Situationen erwies sich Gott als der Treue und er stellte eine Mauer von zuverlässigen Betern um die Familie. Da zeigt es sich auch, welch ein Geschenk es ist, in eine lebendige Gemeinde eingebunden zu sein. Schon früh hat Mirko durch seine Eltern und in der Sonntagsschule selbst ein vertrauensvolles Verhältnis zu Jesus aufbauen können. So liebte er besonders das Lied: „Mein ganzes Herz gehört nur Jesus." Nun darf er für immer und ewig bei seinem Heiland sein und diese wunderbare Erfahrung machen. Auch der „Soko Mirko" blieb dieser Glaube nicht verborgen. Beide Eltern haben eine wunderbare Ausstrahlung. Ihr Vertrauen zu Gott bewährte sich. Sie zeigten sich der Polizei gegenüber sehr dankbar und bewunderten ihren Einsatz. So erschien am Nikolaustag die Mutter auf dem Revier und verteilte an die Polizisten Süßigkeiten. „Noch nie ist uns so viel Liebe und Wertschätzung in unserem Beruf widerfahren", äußerten sie sich einem Reporter gegenüber.

Und dann kam nach fünf Monaten die schlimme Nachricht ans Licht. Der 26. Januar 2011 wurde zu einem dunklen Tag voller Schrecken. Die Polizei hatte einen Hinweis auf eine besondere Automarke erhalten. Dieses Fahrzeug war am Tag des Verschwindens von Mirko an dem Ort, da sein Fahrrad lag, gesichtet worden. Daraufhin wurden alle diese Fahrzeuge überprüft. In einem dieser Wagen fand man Stoffspuren von Mirkos Kleidung und das führte schließlich zur Festnahme eines Verdächtigen. Es war ein Familienvater, der selbst drei Kinder hat. Stundenlang wurde der Mann verhört. Man konnte ihm Stück um Stück nachweisen, dass er der Täter sein musste. Als er schließlich erkannte, dass er aus dieser Sache nicht mehr heil herauskommen konnte, gestand er die Tat. Er führte das Suchteam an die Stelle im Wald, wo er Mirkos Leiche verscharrt hatte. Auf die Frage, warum er das Kind getötet habe, sagte er: „Ich hatte an diesem Tag Stress mit meinem Vorgesetzten und bin daraufhin kopflos durch die Gegend gefahren. Als ich dem Jungen zufällig begegnete, hielt ich ihn an, verging mich an ihm, um meinen Frust abzubauen, und musste ihn schließlich töten. Ich hatte Angst, dass das Kind mich später identifizieren könnte." Natürlich ist die Polizei den Aussagen des Verdächtigen nachgegangen. Es stellte sich aber bald heraus, dass der Chef des Täters sich zu der angegebenen Zeit gar nicht in der Firma befunden hatte, sondern im Urlaub war. Damit stand fest, dass der Mann gelogen hatte und der wahre Grund für sein Geständnis in dem abartigen Verhalten dieses Täters lag. Nähere Erkenntnisse werden bei der Urteilsverkündung ans Licht kommen.

Beeindruckend war für mich das Zeugnis von Mirkos Mutter. So sagte sie in einem Fernsehinterview: „Wir empfinden keinen Hass oder Rachegefühle gegenüber dem Mörder unseres Sohnes. Auf ihm liegen schlimme

Lasten. Wir vergeben ihm und segnen ihn im Namen Jesu. Wir selbst sind dankbar für unser Leben, denn wir kennen und lieben Jesus Christus. Zu ihm dürfen wir gehen, wenn uns Sorgen und Nöte quälen. Dieser Verbrecher aber, der Mörder unseres Mirko, wusste nicht um die Möglichkeit einer Heilung von irregeleiteten Gefühlen. Aus diesem Grunde befehlen wir ihn Gott an. Letztlich wird er sich vor dem Höchsten im Himmel verantworten müssen. Wir wollen keine Steine auf ihn werfen, denn wir leben alle von einer Gnade." Hier zeigt sich bei Mirkos Eltern, wie stark ihr Glaube an Christus ist. Ihr Zeugnis ist bewundernswert.

Heute am 30. September 2011 las ich die große Schlagzeile: „Mirkos Mörder erhält die Höchststrafe." Darunter war zu lesen: „Lebenslange Haft für Olaf H. Verteidigung kündigt Revision an."

Mit diesem Urteil endete einer der spektakulärsten Kriminalfälle der vergangenen Jahre. Der Täter erhielt die Höchststrafe; denn bei dem Richter bestand kein Zweifel, dass Olaf H. den zehnjährigen Mirko ermordet hatte. Für solch eine schreckliche Tat hätte es kein milderes Urteil geben können.

Wegen Kindesentführung, sexuellen Missbrauchs und Mordes ist er zu dieser Strafe verurteilt worden. Außerdem stellte das Gericht die Schwere der Schuld fest. Wörtlich sagte der Richter: „Was das Kind während der letzten Stunden seines Lebens durchlitten hat, ist von solchem Gewicht, dass es sich beim Strafmaß auswirken muss. Es gibt Anhaltspunkte, dass die Tat sadistisch motiviert war."

Dieser Mann habe die Tat geplant und sei auch am 3. September mit dem Gedanken durch die Gegend gefahren, ein Kind zu entführen und es dann zu töten.

Mirkos Mutter schien erleichtert zu sein, als gegen 13 Uhr das Urteil verkündigt wurde. Ein leichtes Lächeln huschte über ihr Gesicht, denn nun konnte Olaf H. keinem weiteren Kind solch schlimme Taten antun, wenn er für lange Zeit hinter Gittern weggesperrt wurde. Der Mörder selbst aber zeigte keine Regung bei der Urteilsverkündung. An diesem Tag ging ein schreckliches Drama zu Ende. Aber das schwer zu erduldende Leid der Eltern und Geschwister wird bleiben. Ihre Zuflucht kann allein Gott sein, der sie trösten und durch die anfechtungsreichen Stunden tragen wird.

DIE SCHÖNHEIT
MEINES LEBENS

Ein Blick aus dem Fenster machte mich heute Mittag ein wenig wehleidig. Gestern noch war unser Rasen mit frischem Grün und vielen leuchtenden Löwenzahnblüten bedeckt. Diesen Anblick habe ich besonders nach dem langen, kalten Winter genossen. Und nun hat der Rasenmäher die herrliche Pracht zerstört. Wie oft schaute ich aus unserem Bad und dankte Gott für die Blumen. Eigentlich zählt der Löwenzahn zu den Unkräutern und wird im Garten nicht gern gesehen. Mit Stumpf und Stiel wird er ausgerottet. Bleibt nämlich nur ein kleines Würzelchen in der Erde stecken, dann treibt die Pflanze neu aus, und nur wenige Wochen später bedeckt sie wieder die Gemüsebeete. Was gibt dieser Pflanze die Kraft? Es ist der gesunde und fruchtbare Wurzelboden, der sein kräftiges Wachstum fördert. Aber auch die Genügsamkeit ist eine Eigenschaft dieser Blume. Neulich entdeckte ich sogar inmitten von Pflastersteinen gelbe Blüten, die aus den Ritzen des Gesteins ihre Köpfe gegen die Sonne erhoben.

Dieses Bild von dem frischen Grün und der herrlichen Blütenpracht wird mir zu einem Sinnbild für mein Leben. Wie viele Veränderungen habe ich schon durchlaufen müssen. Gerne schaue ich mir die wenigen Fotos an, die mir nach unserer Flucht noch geblieben sind. Ein Bild meiner frühen Kindheit zeigt mich mit meinen Eltern und meinen Geschwistern, wie wir im Schwarzen Meer baden und uns von den Wellen überspülen lassen. Wehmütig werde ich dann; denn ich frage mich: Warum wurde diese herrliche, wunderschöne Kinderzeit durch die Umsiedlung aus meiner Heimat Bessarabien so schnell zerstört? Wir landeten schließlich nach einigen Lageraufenthalten in Mährisch Ostrau und anschließend in Römerstadt in der Tschechoslowakei, wo wir mehrere Monate in Quarantäne zubringen mussten. Ich nehme ein anderes Foto zur Hand. Recht abgemagert und bekümmert blicken meine Eltern in die Kamera, und uns Kindern sieht man auch das Elend der Umsiedlung an; denn in dieser Zeit wurden wir vom Hunger geplagt. Der Schrei: „Mutter, gib mir Brot!", muss meinen Eltern das Herz schwer gemacht haben. Meine Mutter hatte mir mein bestes blaues Kleidchen angezogen und mir eine große weiße Schleife ins Haar gebunden. Noch blickte ich mit wachen, lustigen Augen in die Welt. Jeder, der dieses Foto betrachtet, wird sagen: „Lottchen ist aber ein fröhliches, kesses Mädchen." Schön, dass mir das Lachen bis heute geblieben ist.

Ein anderes Foto, einige Jahre später aufgenommen, zeigt mich als Quartanerin. Wir stehen als Schulklasse mit etwa dreißig Kindern vor dem Gymnasium. Was mich auf diesem Foto so glücklich macht, ist mein neues Kleid. Es ist das erste, das mir Mutter nach der Flucht aus einem bunten Stoff mit vielen Blumen genäht hat. Stolz trage ich meine langen, blonden Zöpfe als Kranz um meinen Kopf gelegt. Im Album kleben noch einige Aufnahmen, die während einer Klassenfahrt in die Alpen entstanden sind. Ich stehe auf der Zugspitze und tue so, als gehöre mir die ganze Welt. Mein fröhliches, unbekümmertes Lachen war auch jetzt mein Markenzeichen, auch wenn ich mich in diesen acht Tagen nur von Brot und Speck ernährte, während meine Klassenkameraden mittags eine Gaststätte aufsuchten, weil sie über eine Menge Taschengeld verfügten. Wir waren in unserer Familie damals noch sehr arm, und ich war froh, dass ich mir diese Reise durch Arbeiten auf den Feldern und mit Austragen von Zeitungen zusammengespart habe. Alle schulischen Sorgen schien ich hinter mir gelassen zu haben und auch heute denke ich gern an die beeindruckenden Berge zurück, die zudem noch mit Schnee bedeckt waren. Einmal ermahnte mich mein Klassenlehrer, ich sollte nicht so übermütig sein und die Hänge auf den Schneefeldern hinabrutschen. Das könnte gefährlich für mich werden. Aber ich fühlte mich so frei und aller Sorgen enthoben. Das war damals eine herrliche Schlittenpartie für mich auch ohne einen Schlitten unter mir.

Das letzte Foto während meiner Schulzeit zeigt mich nach dem Abitur vor dem Portal des Jakob-Grimm-Gymnasiums in Rotenburg/Fulda. Ich hatte die Prüfung bestanden, und diese Freude schlug sich auch auf meinem Gesicht nieder.

Am glücklichsten aber schaue ich auf unserem ersten Familienfoto drein, das mich mit meinem Mann und drei Kindern darstellt.

Es war ja schon immer der große Wunsch meines Lebens: Ich wollte gerne eine kinderreiche Mutter werden. Mit meinen vier Söhnen, einer Tochter und 15 Enkeln ist mir diese Bitte von Gott erfüllt worden.

Wie viele Veränderungen habe ich im Laufe der Zeit erlebt. Nun bin ich alt geworden. Aber meine lebensbejahende Art und mein Unternehmungsgeist sind mir geblieben. Sicher hängt dies mit meinem Wurzelboden zusammen, in den ich schon in jungen Jahren eingepflanzt wurde. Es war für mich der schönste Tag, als ich mit sechzehn Jahren die Begegnung mit Jesus, dem Gottessohn, erlebte. Ihm vertraute ich mein Leben an. Er hat mich in seine Gemeinschaft aufgenommen und mir zugesagt, dass er mich immer lieben wird. Der Vers aus Hosea 2,22 ist mir bei meiner Bekehrung zu einem Schlüsselwort geworden. Gott spricht: „Ich will mich mit dir verloben und du wirst den Herrn erkennen." Das war die Stunde, in der ich in den göttlichen Wurzelboden eingepflanzt wurde. Keine Macht der Welt kann mich aus der Nähe meines Herrn herausreißen. Manchmal gerate ich in Anfechtungen hinein. Wenn meine Kräfte und der Schwung nachlassen, empfinde ich meinen Mangel als bedrückend. Das will mich traurig machen. Aber dann erinnere ich mich an Jesaja 28,19b: „Allein die Anfechtung lehrt aufs Wort merken." Ja, ich brauche auch die Anfechtung. Ich greife dann zu meiner Bibel und hole mir vor allen Dingen aus den Psalmen und dem Reden Jesu neue Kraft. Auch die alten Choräle sind mir eine starke Ermutigung. Oft lerne ich sie auswendig und habe Mühe, z. B. die vielen Strophen von „Befiehl du deine Wege" im Gedächtnis zu behalten. Mit ihnen lobe ich Gott, und das Staunen über seine Taten führt mich in die Anbetung meines Herrn hinein. Welch einen treuen Gott habe ich doch! Er macht mein Leben reich. Es gibt nichts Schöneres, als sich von seinem Schöpfer geliebt zu wissen.

EIN ORIGINELLES MUTTERTAGSGESCHENK

Die Post brachte mir heute einen dicken Briefumschlag. Als ich ihn öffnete, flogen mir drei wunderschöne Fotos von meinen Enkeln Cornelius, Hanna-Maria und Emanuel entgegen. Wohl für jede Großmutter sind solche Bilder wertvolle Geschenke. Lange hielt ich sie in Händen und betrachtete sie. Meine Mutter, die schon lange nicht mehr unter uns lebt, würde jetzt sagen: „Kinder sind eine Gabe des Herrn, und Leibesfrucht ist ein Geschenk." Genau dieser Gedanke berührt mich auch. Eng fühle ich mich mit meinen Kindern und Enkeln verbunden. Sie sind mir die teuerste Gabe Gottes. Jeden Morgen falte ich meine Hände und nenne ihre Namen vor meinem Schöpfer. Inzwischen muss ich 28 Namen im Gedächtnis behalten, denn die drei Freunde meiner älteren Enkel zähle ich schon zu unserer Großfamilie. So kann ich getrost nach dem Gebet in den Tag gehen; denn bei Gott weiß ich sie alle wohl geborgen. Die drei Fotos stellte ich mir in die Vitrine. Dann las ich die beigelegte Grußkarte meines Sohnes.

„Liebe Mutti,
zum Muttertag möchte ich Dir herzlich für
alles Große und Kleine danken, das ihr für
mich tut und schon getan habt. Dafür sollst
Du aus eigener Feder etwas bekommen, das
Dich an einen schönen Gottesdienst in Bad
Zwesten erinnert. Uns geht es gut, und ich
hoffe, auch ihr seid guter Dinge. Mit allen
guten Wünschen für Papa und Dich grüßt
euch herzlich Euer Daniel und Family.“

Auf der Rückseite dieser Blumenkarte finde ich eine Aussage von Phil Bosmans: Sie ist mir bedeutungsvoll:

Das Gedächtnis des Herzens
Es gibt ein Gedächtnis, das mit dem Kopf
zusammenhängt.
Der eine behält leichter, der andere vergisst
schneller.
Es gibt ein Gedächtnis, das viel tiefere Wurzeln hat. Sie reichen ins Herz.
Menschen waren gut zu mir.
Sie sorgten für mich, als ich klein war.

Sie begleiteten mich, als ich größer wurde.
Sie machten mir Mut, als es mir schlecht ging.
Sie halfen mir, als ich in Not war.
Mein Herz vergisst das nicht.
Das Gedächtnis des Herzens heißt Dankbarkeit.

Erst danach griff ich zu meinem eigentlichen Muttertagsgeschenk und vertiefte mich in die Predigt, die mein Sohn verfasst hatte. Es war ein besonderer Gottesdienst, den wir in seiner Gemeinde miterleben konnten. Marie-Luise, eine seiner Konfirmandinnen, hatte den dringenden Wunsch, sich taufen zu lassen. Damit wollte sie kundtun, dass sie auch zu Jesus gehören wollte. Die Taufpredigt war recht originell. Sie begann mit der Lesung des Taufspruchs aus 1. Johannes 4,16, den sich der Täufling selbst ausgesucht hatte: „Gott ist die Liebe; und wer in der Liebe bleibt, der bleibt in Gott und Gott in ihm."

Plötzlich ertönte ein lauter Pfiff, was für einen Gottesdienst recht ungewöhnlich ist. Alle Besucher waren hell gespannt, was nun folgte:

Dieses Geräusch ist dir, Marie-Luise, gut bekannt. Als begeisterte Fußballerin denkst du gleich an den Anpfiff eines Spiels. So ein Anpfiff ist auch deine Taufe heute, durch die du in die Gemeinschaft der Christen aufgenommen wirst. Es ist ein Anpfiff für ein lebenslanges Spiel, das ganz besonderen Regeln unterliegt. Im Fußball entscheidet der Trainer über die Mannschaftsaufstellung je nach Leistung und Spielstärke. Beim Spiel mit Gott hingegen gibt es keine Ersatzbank, erst recht keine Verbannung aus dem Mannschaftskader oder in die B-Elf. Durch die Taufe gehört jeder zur Stammelf, entscheidend ist allein die Berufung zu Gott und mein Wille, ihm treu nachzufolgen. Dabei kann die Leistung noch so durchwachsen sein; denn, wie es in deinem Taufspruch treffend heißt: „Gott ist die Liebe." Seine Liebe ist das einzige Berufungskriterium. Und Gott liebt dich, er ist stolz, dass es dich gibt, er freut sich an dir. Und das Schöne ist: Du spielst bei Gott nicht auf Bewährung, musst dich vor ihm nicht ständig beweisen, deinen Stammplatz behaupten. Du darfst dir ein Formtief durchaus leisten. An seiner unendlichen Liebe zu dir ändert das nichts. Als getauftes Gotteskind gehörst du zu Gottes großer Mannschaft allemal. Denn die Taufe gilt ein Leben lang. Niemand und nichts hat das Recht, sie in Frage zu stellen. Vielleicht wirst du auch in diesem Spiel die Erfahrung machen, dass andere dich auspfeifen und dich verpfeifen. Was immer andere sagen und denken, Gott pfeift nicht auf dich. Unter keinen Umständen möchte er auf dich verzichten. Nie käme ihm in den Sinn zu sagen: Mein Kader ist groß genug, auf einen weniger kommt es nicht an. Du bist in seinen Augen einzigartig und unverzichtbar, einfach weil es dich gibt, weil er dich so liebt, wie du bist.

Darum kannst du in deinem Leben „befreit aufspielen", wie es im Fußballdeutsch so treffend heißt. Denn du hast nichts zu verlieren. Der Druck, unbedingt zu gewinnen, es allen um jeden Preis zeigen zu müssen, ist weg. Durchschnittliche Leistungen, Niederlagen, Formkrisen greifen deine Würde als getauftes Gotteskind nicht an und können dir nichts anhaben. Deine Taufe ist das Siegel der großen Liebe Gottes zu dir.

(Wieder ertönt ein Pfiff). Jetzt beginnt ein neues, einmaliges Spiel. Denn es beginnt dein Konfirmandenunterricht, gewissermaßen dein Trainingslager. Zwei deiner Schwestern haben es bereits absolviert, sind dir vorangegangen. Du folgst ihnen und hast dann anlässlich deiner Konfirmation in einem Jahr ebenfalls Gelegenheit, Ja zu sagen: „Ich spiele mit. Gott soll mein Trainer sein und bleiben, mein Leben lang." Einen besseren gibt es nicht. Denn „Gott ist die Liebe; und wer in der Liebe bleibt, der bleibt in Gott und Gott in ihm." Amen.

DAS SCHRECKGESPENST KREBS

Frau Hörn traf ich auf einer Tagung, und sie gewährte mir Einblick in die schwersten Stunden ihres Lebens. „Bitte, Frau Bormuth, teilen Sie mein Erleben in Ihren Büchern anderen Menschen mit, damit sie nicht verzweifeln, wenn sie ähnlich harte Zeiten durchleben müssen wie ich." Ich ging auf ihr Anliegen ein, änderte aber ihren Namen. Sie begann: Meinem ärgsten Feind würde ich nicht solch einen Tag wünschen, wie ich ihn am 17. Dezember erlebt habe. Schon seit einigen Wochen fühlte ich mich müde und schlapp, konnte kaum meiner Arbeit im Kindergarten gerecht werden und hatte auch meinen Urlaub nach Oberstdorf im Allgäu abgesagt. Ich war antriebsschwach und lustlos. An Wandern war nicht mehr zu denken. Nicht einen einzigen Berg hätte ich besteigen können. Der Hausarzt schrieb mich krank und schickte mich in die Universitätsklinik, wo ich weitere Untersuchungen über mich ergehen lassen müsste.

„Sie haben Leukämie", sagte mir der Professor auf den Kopf zu, „und zwar eine aggressive Art. Sie können jetzt nicht mehr nach Hause gehen, sondern müssen sofort stationär aufgenommen werden. Ihre Angehörigen können Ihnen Ihre persönlichen Sachen vorbeibringen. Je eher wir mit der Behandlung beginnen, desto besser ist es. Ich sage schon auf der Station Bescheid, dass man Ihnen ein Bett richtet. Schwester Annette wird Sie in den zweiten Stock bringen." Ich war bei dieser Diagnose wie vom Donner gerührt. Meinte denn der Doktor etwa mich? Und dann fügte er noch hinzu: „Bitte, informieren Sie Ihren Gatten. Ich würde gerne auch mit ihm sprechen."

So lag ich auf Zimmer 208 und verstand die Welt nicht mehr. Würde ich nun sterben? Angst überfiel mich. Ich will dieser Welt noch nicht Ade sagen. Zu Hause warten mein Mann und meine Kinder auf mich. Ich werde auch noch in unserem Geschäft gebraucht, denn abends sitze ich in meinem Büro und erledige die Buchhaltung, außerdem bin ich Kindergärtnerin. Ich liebe meine Kleinen, und sie werden nach mir fragen. Sollte nun mit all meinen Vorhaben Schluss sein?

Schon am nächsten Tag begannen weitere Untersuchungen. Auch Chemotherapie wurde angeordnet. Sie setzte mir sehr zu. Mir war speiübel, und an meinem Bett musste ständig der Spucknapf stehen. Als ich an einem Morgen aufwachte, fand ich lauter blonde Haarbüschel auf meinem Kissen. Ich war entsetzt. *Nun ist es soweit*, sagte ich mir, *jetzt werde ich meine schönen Locken verlieren, auf die ich immer so stolz war.* Noch konnte ich mir nicht vorstellen, wie ich kahlköpfig aussehen würde. Aber in einen Spiegel wollte ich nicht schauen, beschloss ich. Das tue ich mir nicht an. Zum Glück hat er auch gar nicht in meine Toilettentasche gepasst, weil er zu groß ist. Ich überlegte an diesem entsetzlichen Morgen nicht lange, sondern bat in meiner Verzweiflung die Krankenschwester, sie möchte mir noch heute den Frisör schicken. Dieses Theater, dass ich jeden Morgen auf meinem Kissen lauter Haare finden würde und sie neu beziehen müsste, wollte ich nicht mitmachen. Deshalb ließ ich mir jetzt meinen Kopf rasieren. Schon zwei Stunden später stand Herr Brettschneider an meinem Bett. Ich hatte ihn schon vor ein paar Tagen kennengelernt, als er mich wegen einer Perücke beraten hatte. Über meinen Entschluss war er aber doch verwundert. So spontan wie ich hatte noch keine Patientin reagiert. Es dauerte gar nicht lang, und er konnte meine Haarpracht zusammenfegen. Nur einmal habe ich zufällig in die Fensterscheibe geschaut und war erschrocken über die fremde Frau, die sich in ihr widerspiegelte. Da spürte ich einen tiefen Schmerz in meiner Brust. Mein Mann musste mir zwei bunte Tücher von zu Hause mitbringen und darunter versteckte ich meinen kahlen Kopf. Das Krankenhauspersonal war sehr freundlich und half mir über den Kummer hinweg. Sogar die Putzfrau trat an mein Bett und tröstete mich. „Es wird wieder alles gut werden, Frau Hörn." Ich dachte nur: Ihr habt alle gut reden, ihr steckt ja nicht in meiner Haut.

Aber der Verlust meiner Haarpracht war nur das kleinste Übel. Viel schlimmer war die Angst: Werde ich überleben und diese Krankheit besiegen können? Über jeden Fortschritt, den ich wahrnehmen konnte, war ich hoffnungsfroh. Nach einigen Wochen konnte ich sogar aus der Klinik entlassen werden. Mir ging es besser, und zu

Hause erholte ich mich. Aber diese positiven Tage waren leider nur von kurzer Dauer. Es erfolgte ein Rückschlag. So ging es mehr als einmal bergauf und bergab. Oft war ich total verzweifelt, und hätte ich nicht meinen Mann und die Kinder an meiner Seite gehabt, die mich immer wieder aufmunterten, wäre ich wohl wahnsinnig geworden. Kein Mensch ahnt, was solch eine Leidenszeit für einen Kranken bedeutet. Aber die Ärzte gaben die Hoffnung nicht auf. Sie suchten einen Knochenmarkspender für mich, und so harrte ich der Dinge, die da kommen sollten.

In diesen Tagen der Angst und Verzweiflung begann ich meine Hände zu falten. Seit meinen Kindertagen hatte ich keine Kirche mehr aufgesucht und auch nicht mehr gebetet. Aber nun schrie ich zu Gott und bat ihn, er möge mir doch Gesundheit schenken. Und das Wunder geschah. Eines Morgens bei der Visite schaute mich der Professor an und sagte: „Sie haben den Kampf gegen den Krebs gewonnen. In acht Tagen dürfen Sie nach Hause entlassen werden. Sie werden sich aber in regelmäßigen Abständen bei uns melden, und wir werden Sie so schnell nicht aus den Augen verlieren."

In dieser Stunde hätte ich laut Halleluja singen mögen, und auch meine Familie atmete tief durch.

Es folgte noch eine Rehamaßnahme in einem Sanatorium in Bayern. Ich war überrascht, wie freundlich ich in Gunzenhausen aufgenommen wurde. Die Diakonissen wandten mir ihre Liebe und Wertschätzung zu, als ob ich ihr einziger Patient in diesem Hause wäre. Sie erfüllten mir fast jede Bitte. Auch meine Mitpatientin, mit der ich das Zimmer teilte, war ein liebenswerter Mensch. Sie war eine Christin, das merkte ich schon bald. Behutsam fragte sie, ob sie mich in ihr Abendgebet einschließen dürfe. Sie lese auch immer zur Nacht einen Psalm. Ich bejahte. So führte mich Karoline Stück um Stück in die Psalmen ein.

Wir verstanden uns gut und gingen gerne im nahen Wäldchen spazieren. Sie hat mich nie bedrängt, aber es war mir wichtig zu erfahren, ob ich denn auch zu einem solch frohen Glaubensleben finden könnte. In diesen sechs Wochen, die wir miteinander verbrachten, bewegte mich nur der eine Gedanke, wie ich mit Jesus Christus in Verbindung treten könnte. Nach einem

Gottesdienstbesuch, der im Kurhaus statt-
fand, vermittelte sie mir ein Gespräch mit
einem Pfarrer. Es war das erste Mal, dass ich
einem Menschen mein Innerstes offenbarte.
Vor diesem Seelsorger wurde ich an manche
Verfehlungen erinnert. Ich wusste, dass ich
nicht nur an meinem Mann und an meinen
Kindern schuldig geworden war, sondern
auch vor Gott. Mir war klar, dass ich nicht
vor seinem Richterstuhl bestehen könnte. So
wurde ich hellhörig für die Botschaft, dass
Jesus Christus in unsere Welt gekommen ist,
um mir meine Schuld zu vergeben. So fasste
ich all meine Sünden, die mir im Gedächtnis waren, vor Jesus zusammen und bekannte sie vor ihm. Mir wurde dieses Wort der
Bibel zugesprochen: „Dir sind deine Sünden
vergeben." Gleichzeitig nahm ich Jesus in
mein Leben auf. Er sollte mich auf seinen
Wegen führen. Nichts und niemand sollte
mich je aus seiner Hand reißen. Es wurde
mir bewusst, wie heilsam mir die Krankheit
geworden war. Ich hatte bei Gott ein neues
Zuhause gefunden und dankte ihm auch für
die notvollen Führungen in meinem Leben.
Der Pfarrer gab mir noch eine Spruchkarte
auf den Weg mit dem Lied:

Du bist mein Zufluchtsort.
Ich berge mich in deine Hand,
denn du schützest mich.
Wann immer mich Angst befällt,
traue ich auf dich, ja, ich trau auf dich
und bin stark in der Kraft meines Herrn.

Diese Spruchkarte liegt seitdem in meiner Bibel. Sie erinnert mich an die schönste Stunde meines Lebens, als ich unter dem Kreuz zu Christus heimgefunden habe.

ZWEIMAL ENTGING ICH NUR KNAPP DEM TODE

In einem Berichtsblatt las ich eine bewegende Geschichte. Sie hat mich tief berührt. Ein Japaner hat sie verfasst, der schon mehrere Jahre Kontakt zu einer deutschen Missionarin hatte. Sie wohnten beide in Kobe. Er nahm sogar an ihrer Bibelklasse teil, weil er mehr über Gott erfahren wollte, denn in seinem Gewissen war die uralte Frage Martin Luthers aufgebrochen: Wie finde ich einen gnädigen Gott? Aber er blieb über viele Jahre nur ein Suchender. So erzählte er der Missionarin, wie Gott auf wunderbare Weise sein Leben gerettet hat. Er begann:

„Das erste Mal erlebte ich sein Wunder, als das schreckliche Erdbeben in Kobe vor etwa zehn Jahren geschah. Dabei fanden einige tausend Menschen den Tod. An diesem Morgen wachte meine Familie sehr früh auf und ging zur Arbeit. Kaum hatten sie die Tür hinter sich geschlossen, da erschütterte das Erdbeben unsere Stadt. Auch unser Haus wurde davon betroffen. Es stürzte ein, und es entstand ein schwerer Brand, bei dem alles, was wir besaßen, vernichtet wurde. Nur wir waren gerettet. Schon damals begann ich zu ahnen, dass Gott es war, der seine Hand über unser Leben gehalten hatte.

Das zweite Mal war es das fürchterliche Zugunglück in der Nähe von Amagasaki. Viele Menschen verloren dabei ihr Leben, andere wurden schwer verletzt und mussten in die Kliniken der Umgebung gebracht werden. Der Lokführer hatte gleich mehrere Signale überfahren. Man geht davon aus, dass er aus gesundheitlichen Gründen die Kontrolle verloren hatte. Aber an diesem Tag musste ich einen früheren Zug nehmen, weil besonders viel Arbeit auf mich wartete. So entging ich auch dieser schrecklichen Katastrophe. Aber viele meiner Freunde und Arbeitskollegen fanden hier den Tod. Auch eine Frau aus unserer Missionsgemeinde verlor dabei ihr Leben.

Zweimal hat Gott mich vor dem Verderben bewahrt. Das ist ein großes Wunder für mich. Mich hat damals die Frage Gottes stark getroffen, die ich einmal in einer Predigt hörte: „Wie lange hinket ihr auf beiden Seiten?" Gott hat mich durch seine Rettung zweimal gemahnt, ich solle doch mein Leben neu überdenken und zu ihm nach Hause finden; denn ich brauchte inneren Frieden. Nun sind mir das Erdbeben, der Tsunami und die Reaktorkatastrophe ein erneutes mahnendes Zeichen Gottes. Ich will mich jetzt vor Jesus Christus beugen und ihn als meinen Herrn und Heiland annehmen. Fortan will ich ihm gehören.

Nach diesem Gespräch betete die Missionarin und half ihm, das Bündnis mit Jesus fest zu machen. An diesem Tag war aber auch sie sehr glücklich, weil ein Mensch heimgefunden hatte zu Gott.

EIN GRUSS ZUM MUTTERTAG

Dieser Tag ist als Ehrentag für die Mütter gedacht. Oft herrschen Freude und Wertschätzung in den Familien. Mir jedenfalls erging es so, und die Glückwünsche für meinen großen Tag habe ich jedes Jahr mit Staunen und Dankbarkeit entgegengenommen.

Und doch lässt mich ein Gedanke nicht zur Ruhe kommen. Seit siebzehn Jahren wohnt Frau Born unter unserem Dach. Als ein Sozialarbeiter sie in unser Haus brachte, war sie recht schüchtern und verstört. 14 Jahre war sie Patientin in der Psychiatrie gewesen. Aber die Ärzte hatten ihr durch eine intensive Behandlung in ihren Depressionen und Psychosen wunderbar helfen können. Eine Medikamentengabe machte es möglich, dass sie nun nur noch alle drei Monate zur Kontrolle kommen müsste. Sie wurde aus der Klinik entlassen, und wir wurden gefragt, ob wir ihr nicht eine kleine Wohnung bei uns einrichten könnten. Es wäre auch hilfreich, wenn wir ihr bei der Eingewöhnung in eine neue Atmosphäre beistünden. Als sie die beiden Zimmer sah, ging ein Leuchten über ihr Gesicht. „Das wäre schön, wenn ich hier bleiben könnte", strahlte sie. „Endlich könnte ich der Klinik den Rücken kehren."

Auch wenn die Krankenschwestern und Ärzte sehr freundlich und hilfsbereit ihr gegenüber gewesen waren, freute sie sich doch sehr, in ihre eigenen vier Wände ziehen zu können. Sie müsste sich nun nicht mehr mit zwei Patientinnen ein Zimmer teilen, sondern könnte sich ein eigenes kleines Reich einrichten. So sagten wir zu und stellten die geerbten Möbelstücke unserer Tante in ihre neue Bleibe. Frau Born war eine liebenswerte und dankbare Mieterin. Aber ihre Probleme waren doch gewaltig. Am meisten quälte sie der Gedanke, dass sich ihr Mann von ihr scheiden lassen wollte. Als fromme Katholikin kam für sie eine Trennung nicht in Frage. Aber von allen Seiten wurde sie von ihrer Familie gedrängt, in eine Scheidung einzuwilligen.

Schließlich erreichte der Rechtsanwalt, dass die Ehe annulliert wurde. In dieser Zeit stand ihr der katholische Krankenhausseelsorger hilfreich zur Seite und tröstete sie.

Vom Sozialamt erhielt sie zunächst Unterstützung und stellte einen Antrag auf Rente. Durch ihre schwere psychische Erkrankung konnte sie nicht mehr in ihren Beruf als Büroangestellte eingegliedert werden. Ich half ihr dabei, die vielen Bögen für den Rentenantrag auszufüllen, und sie erhielt einen positiven Bescheid. In ihrer neuen Wohnung fühlte sie sich wohl. Schritt um Schritt traute sie sich wieder, unter die Menschen zu gehen, suchte den Frisör auf und kaufte die Lebensmittel im Supermarkt ein. Mein Mann nahm sie dazu im Auto mit. Es machte ihr Freude, sich ihre eigenen Mahlzeiten kochen zu können. Essen auf Rädern zu bestellen, lehnte sie ab.

Auch wenn sie froh war, nach etwa 14 Jahren endlich die Psychiatrie verlassen zu haben, gab es Ereignisse, die sie sehr traurig stimmten. Sehnsüchtig wartete sie auf Post von ihrem Herbert. Schon früh am Morgen kam sie in meine Küche und setzte sich auf die Eckbank; denn von hier konnte man sehen, wenn der Briefträger um die Ecke bog. Aber schwer enttäuscht zog sie sich in ihre Wohnung zurück, wenn für sie keine Post abgegeben wurde. „Vielleicht ist Herbert verreist oder liegt in einer Klinik und kann deshalb nicht schreiben", versuchte sie ihre Enttäuschung zu verdrängen. Mir tat sie sehr leid, und so schrieb ich ihr öfter einen Brief oder schickte eine Ansichtskarte, wenn ich mal im Urlaub war. Es war für mich schön zu erkennen, dass sie diese Briefe und Ansichtskarten mit Stecknadeln an die Wand geheftet hatte.

Heute war nun Muttertag. Kein Blumengruß wurde für Frau Born gebracht. Noch nicht einmal eine Karte flatterte in den Briefkasten. Während ich von meiner Familie mit Büchern, einem Geschenkkorb und einer Bluse bedacht wurde, ging Frau Born leer aus. Dabei hatte sie doch auch zwei Söhnen das Leben geschenkt. Sie waren in Wiesbaden und Köln zu Staatsbeamten ernannt worden. Hatten sie denn ihre Mutter ganz vergessen? Mir wurde klar, ich sollte ihr an ihrem Ehrentag eine Freude bereiten. Ich besorgte einen wunderschönen Blumenstrauß. Als ich ihn in ihre Wohnung brachte, strahlte sie über das ganze Gesicht. „Nun hat doch noch jemand an mich gedacht!" Dabei drückte sie mir fest die Hand. Ihre Dankbarkeit machte auch mich glücklich. Hernach bewegte mich noch lange der Gedanke: Wie viele Mütter werden wohl in Deutschland an ihrem Ehrentag leer ausgehen?

HOCHZEIT IN ENGLAND

Über drei Milliarden Menschen saßen vor den Fernsehschirmen oder säumten die Straßen von London, um den Augenblick mitzuerleben, wenn sich das Thronfolgerpaar das Jawort vor dem Traualtar gab. Schon einige Wochen vorher wurde immer wieder von Kate und William berichtet. Fotos von ihnen machten in den Zeitungen und Journalen die Runde. So wurde die Spannung auf diesen großen Tag geweckt. Auch ich wollte das wunderbare Fest miterleben. Schon viele Jahre zuvor war ich von der Heirat von Diana, der Princess of Wales, begeistert. Vor allem haben mich die herrlichen Chöre erfreut. Dieses einzigartige Erlebnis wollte ich mir natürlich am 29. April 2011 nicht entgehen lassen. Das Mittagessen für diesen Tag hatte ich schon am frühen Morgen gekocht. So hockte ich im Wohnzimmer, bewunderte die Ankunft der Gäste in ihren schmucken Kleidern und noch tolleren Hüten. Einer war immer noch größer und extravaganter als der andere und versperrte so manchem Gast die Sicht auf das Brautpaar. Die Spannung war nicht mehr zu überbieten, als endlich Kate an der Hand ihres Vaters den langen Gang, der mit einem roten Teppich ausgelegt war, beschritt. Es war schon ein einmaliger, sehr schöner Anblick, als die Prinzessin in ihrem herrlichen Brautkleid und dem langen Schleier das Gotteshaus betrat. Trompeten kündeten ihren Einzug an. Am meisten aber beeindruckte mich die Predigt des Bischofs von London. Er verkündete eine klare Jesusbotschaft, und sie hatte nicht nur dem Brautpaar etwas Außerordentliches zu sagen, sondern war auch allen Zuhörenden ins Herz geschrieben. Ich lasse sie hier in meiner Übertragung aus dem Englischen folgen:

Liebes Brautpaar, liebe Gemeinde!

„Werde, was Gott aus dir machen will, und du wirst die Welt in Brand setzen." So sagte es Katharina von Siena, deren Gedenktag wir heute begehen. Es ist der Sinn der Ehe, dass Mann und Frau einander helfen, das zu werden, was Gott aus ihnen machen will, dass sie ihr innerstes und wahres Selbst finden. Viele Menschen haben Angst vor dem, was in Zukunft aus unserer Welt wird. Aber von diesen Feierlichkeiten in unserem Lande und darüber hinaus geht die rechte Botschaft aus. Heute ist ein Tag der Freude. Es ist gut, dass Menschen auf allen Kontinenten an diesen Feierlichkeiten teilnehmen können; denn dies ist, wie jeder rechte Hochzeitstag, ein Tag der Hoffnung. Im gewissen Sinne ist jede Hochzeit eine königliche Hochzeit, bei der Braut und Bräutigam als Königin und König der Schöpfung neues Leben hervorbringen, sodass das Leben durch sie in Zukunft weitergehen kann.

William und Kate, ihr habt euch entschlossen, im Angesicht des gnädigen Gottes zu heiraten, der die Welt so geliebt hat, dass er sich selbst uns gegeben hat in der Person Jesu Christi. Und im Geiste dieses gnädigen Gottes sollen auch Mann und Frau einander hingeben. Geistliches Leben wächst, wenn Liebe ihr Zentrum außerhalb von uns hat. Treue und hingebungsvolle Beziehungen sind eine Tür zum Geheimnis geistlichen Lebens. Darin können wir entdecken: Je mehr wir uns an den andern verschwenden, desto reicher wird unser inneres Leben. Je mehr wir uns an den andern veräußern, desto mehr entdecken wir uns selbst, und unsere innere Schönheit kommt voll zum Ausdruck. In der Ehe bemühen wir uns, einander, unserem Leben einen höheren Sinn zu geben. Natürlich ist es sehr schwer, uns von unserer Ichbezogenheit zu lösen. Menschen können davon träumen, aber damit diese Hoffnung auch erfüllt wird, müssen wir uns ernsthaft entscheiden, trotz aller Schwierigkeiten den Weg einer einzigartigen Liebe zu gehen, die großzügig ist.

Ihr habt heute beide durch die Worte „Ich will!" eure Entscheidung getroffen. Und durch dieses neue Bündnis habt ihr einen Weg beschritten, auf dem euer geistliches Leben sich entfalten kann und der euch zu einer schöpferischen Zukunft führen wird. Wir schauen auf eine Welt, die voller Verheißungen und voller Gefahren ist. Die Menschheit steht vor der Frage, wie sie durch einsichtiges Handeln eine Macht gebrauchen kann, die uns durch die Entdeckungen des letzten Jahrhunderts in die Hand gegeben wurde. Wir werden nicht durch mehr Wissen einer verheißungsvollen Zukunft entgegengehen, sondern eher durch mehr Liebe und Respekt vor dem Leben, vor der Erde und voreinander.

Die Ehe entwickelt sich, wenn Mann und

Frau ihrer Berufung gerecht werden. Sie wird sich wunderbar gestalten, solange wir nicht unbedingt unseren Partner ändern wollen. Wo der Geist wehen soll, darf kein Zwang herrschen. Jeder muss dem andern Raum und Freiheit gewähren. Chaucer, der Dichter aus London, fasst es so zusammen: „Wo Herrschsucht waltet, erhebt sogleich der Gott der Liebe seine Flügel und entschwindet." Da Gott im Leben vieler Menschen der westlichen Welt keine Rolle mehr spielt, erwartet man umso mehr von persönlichen Beziehungen. Sie sollen dann dem Leben Sinn und Glück geben. Doch damit würden wir unserem Partner eine zu große Last aufladen. Wir alle sind aufeinander angewiesen. Wir brauchen eine Liebe, die verlässlich ist und die uns nicht ausgrenzt. Wir brauchen im Lebenskampf gegenseitige Vergebung. Wenn wir nach dem Vorbild Jesu Christi in Liebe aufeinander zugehen, wirkt der Heilige Geist in uns und wird unser Leben lichtvoll gestalten. Daraus kann ein Familienleben erwachsen, das die besten Bedingungen für die kommende Generation beinhaltet. Dann kann sie die Gaben entfalten, wodurch Angst und Zwietracht überwunden werden.

Hier kann ein Geist Raum gewinnen, dessen Früchte Liebe, Freude und Friede sind. Ich bete darum, dass alle, die hier versammelt sind, und die vielen Millionen, die diese Hochzeit und Freude am Fernsehen miterleben, alles tun werden, was in ihrer Macht steht, um euch in eurem neuen Lebensbund zu stützen und zu stärken. Und ich bete darum, dass Gott euch auf eurem gemeinsamen Weg, den ihr gewählt habt, segnet. Das kommt auch in dem Gebet zum Ausdruck, das ihr selbst für diesen Tag verfasst habt:

„Gott, unser Vater, wir danken dir für unsere Familien. Wir danken dir für unsere
gegenseitige Liebe und für die Freude, dass wir heiraten dürfen.

Im Alltag unseres Lebens wollest du unsere Augen auf das richten, was in unserem
Dasein wichtig ist, und uns helfen, in rechter Weise mit unserer Zeit, unserer Liebe
und Kraft umzugehen.

Wenn du unser gemeinsames Leben segnest, hilf uns auch, denen zu dienen und die
zu trösten, die leiden. Wir bitten dies im Geiste Jesu Christi. Amen."

DAS KREUZ ÜBER DEM SCHREIBTISCH

Über meinem Schreibtisch habe ich soeben ein Kreuz aus Messing aufgehängt. Frau Holder hat es mir als Geschenk zugedacht. Bei meinem letzten Besuch im Mai hatte sie es schon von der Wand über ihrem Bett heruntergeholt und auf den Tisch gelegt. Nun wollte sie es mir mitgeben. Ich bin ja ihre langjährige Freundin. Da sie hochbetagt ist, überfällt sie zuweilen die Angst, dass sie bald sterben könnte. Und dann würden ihre Sachen wahrscheinlich alle im Müll landen. In ihren jungen Jahren hatte sie sich das Kreuz von ihrem schwer verdienten Geld gekauft, und es ist ihr wertvoll.

Nun hängt es in meinem Arbeitszimmer. Das Kreuz erinnert mich an einen Menschen, dessen Handeln und Tun mir bedeutungsvoll geworden ist. Zum ersten Mal begegnete ich Frau Holder vor 27 Jahren in Bad Brückenau. Dorthin war ich zu einer Freizeit angereist, und mit über dreißig Frauen erlebten wir gesegnete Tage unter der

Botschaft der Bibel. Die Qualen, aber auch der Trost des Hiob waren unsere Themen. Dieses Wort des leidenden Gottesboten wollte ich in unsere oft von Not und Ärger zerrissene Seele einprägen. Zum Abschluss dieser Tagung sprach ich über Hiobs Erfahrung: „Ich weiß, dass mein Erlöser lebt!"

In diesen Tagen lernten wir auch die Schönheit der Rhön kennen. So wurde diese Zeit bei besonders angenehmem Wetter sehr erholsam. Nun war der letzte Tag gekommen, und ich hatte mich mit einer Andacht und mit dem Abendmahl von den Teilnehmerinnen verabschiedet. Ich ging danach in mein Zimmer, ordnete meine Manuskripte und wollte gerade anfangen, meinen Koffer zu packen. Da klopfte es an meine Tür.

„Darf ich noch zu so später Stunde bei Ihnen eintreten?", bat meine Zimmernachbarin. „Ich möchte Sie bitten, schauen Sie doch mal nach Frau Holder. Es geht ihr nicht gut."

Eigentlich war mir diese ältere Dame gar nicht besonders aufgefallen. Kaum ein Wort hatte ich mit ihr gewechselt. Sie schien recht scheu und zurückhaltend zu sein. Ich ging sofort zu ihr. Frau Holder kauerte auf ihrem Bett, und die Tränen rannen ihr über die Wangen. Kein Wort brachte sie über ihre Lippen. Und so setzte ich mich zu ihr, schwieg auch lange und nahm ihre Hand in die meine. Tränen sind auch eine wunderbare Gabe. Das weiß ich aus eigener Erfahrung. Gott zählt sie sogar. So steht es in der Bibel. Wenn sie alle ausgeweint sind, schaffen sie Befreiung und lassen uns nicht länger stumm in unserem Schmerz verharren. Nach einer Weile konnte auch Frau Holder stotternd die Worte finden.

„Frau Bormuth, ich möchte so gerne wie die anderen Frauen hier auf der Tagung eine persönliche Beziehung zu Jesus finden. Aber ich bin wohl zu schlecht vor ihm. Mit mir kann Christus nichts anfangen. Hinzu kommt, dass mein Leben von viel Elend und Not überschattet war. Ich war das neunte Kind meiner Eltern. Als meine Mutter ihre Schwangerschaft bemerkte, verfiel sie ins Jammern: ‚Jetzt noch mal ein Kind, das geht doch gar nicht. Ich bin ja schon 42 Jahre alt. Mein Mann ist schon länger krank. Hinzu kommt, dass er dem Alkohol verfallen ist. Wir haben kaum Geld, um unsere acht Kinder zu ernähren, und nun dieses Fiasko.

Ich will das Baby nicht. Es wird uns noch total in den Ruin stürzen. Wie kann ich weiter zu meiner Putzstelle gehen, wenn ich einen Säugling zu versorgen habe. Ich war also nicht gewollt, und das merkte ich mein ganzes Leben lang. Noch heute tun mir die Worte meines Vaters weh, die er mir in seinem Zorn entgegengeschleudert hat: ‚Wenn wir dich elenden Balg nicht gehabt hätten, wäre es uns besser ergangen! Nie mehr habe ich diesen Satz vergessen. Ich war also ein nichtswürdiger Balg und daran schuld, dass es uns in der Familie schlecht ging und Schmalhans Küchenmeister war.

So wurde ich mehr und mehr ein verängstigter junger Mensch und blieb es auch bis heute. Oft fragte ich mich: Warum bin ich nur geboren? Warum muss ich den Meinen zur Last liegen? Hätte ich bloß nicht das Licht der Welt erblickt. Wie oft habe ich mir schon die Worte des Jeremia zu Gemüte geführt, der unter seinem Leben hart gelitten hat: ‚Verflucht sei der Tag, darin ich geboren bin; der Tag müsse ungesegnet sein, darin mich meine Mutter geboren hat. … Ach dass du mich doch nicht im Mutterleib getötet hast, dass meine Mutter mein Grab gewesen und ihr Leib ewig schwanger geblieben wäre. Warum bin ich doch aus dem Mutterleib hervorgekommen, dass ich solchen Jammer und Herzeleid sehen muss und meine Tage mit Schanden zubringe?' (Jeremia 20,14.17-18).

Hinzu kam, dass ich nicht sonderlich begabt war. Das Lernen fiel mir schwer. In meiner Klasse saß ich auf der hintersten Bank, wo die Versager ihren Platz hatten. Während meiner ganzen Schulzeit hatte ich nicht eine einzige Freundin. Ich war auch schlecht gekleidet, musste die Sachen von meinen Geschwistern auftragen, und meine Schuhe wiesen Löcher in den Sohlen auf. So litt ich im Sommer unter nassen Füßen, wenn es regnete, und im Winter plagten mich Frostbeulen. Mit 14 Jahren kam ich in einen Geschäftshaushalt als Küchenhilfe. Da habe ich gestaunt, was mittags alles auf dem Tisch aufgetragen wurde. Zum ersten Mal konnte ich mich richtig satt essen. Meine Chefin sorgte auch sonst gut für mich, kaufte mir einen Rock mit Bluse und Sandalen. Ich fühlte mich in meiner neuen Bekleidung fast so wie eine Königin. Hier ging es mir wirklich gut. Leider konnte ich nur drei Jahre in diesem Haus bleiben, weil meine Chefin an Krebs starb. Das hat mich unsäglich traurig gemacht. Ich war in ein Haus gekommen, in dem ich wunderbar geliebt wurde. Hier habe ich auch zum ersten Mal etwas von Christus gehört und wurde sonntags in den Gottesdienst eingeladen.

In einem Altenheim konnte ich dann eine neue Arbeitsstelle finden. Aber die Köchin, der ich nun unterstellt wurde, war ein regelrechter Drache. Vor ihr hatte ich Angst, und mehr als einmal hat sie einen Kochtopf oder einen Blechteller nach mir geworfen. Hier blieb ich nur anderthalb Jahre. Es war die Hölle. In dieser Zeit lernte ich ein junges Mädchen aus unserer Kirchengemeinde kennen. Durch sie wurde mir die Bibel vertraut, und in mir wuchs das Verlangen, auch Christus zu lieben und ihm zu dienen. Aber zur Heilsgewissheit bin ich nie durchgedrungen. In einer diakonischen Einrichtung wollte ich gerne den Beruf einer Schwesternhelferin erlernen. Auch die Tracht hatte es mir angetan. Kurz vor der Prüfung ereilte mich ein rabenschwarzer Tag. Die Oberin teilte mir mit, dass ich den Anforderungen einer solchen Aufgabe nicht gewachsen sei. Aber sie war bereit, mir in einer Großwäscherei einen Arbeitsplatz zu besorgen. Von einem Tag auf den andern musste ich meine schöne Tracht samt Haube ausziehen und vierzig Kilometer weiter in eine andere Stadt umziehen. Fast vierzig Jahre stand ich im Dampf der Maschinen und musste sie bedienen. Diese Arbeit hätte ich mir selbst nicht ausgesucht, aber ich musste ja mein Brot verdienen. Rosen sind mir auf meinem Lebensweg nicht gestreut worden, und freundliche Worte habe ich nur selten gehört.

Heute wohne ich nun schon fünf Jahre in einem Altenheim. Äußerlich geht es mir gut. Ich habe ein nettes Zimmer sogar mit Balkon und werde freundlich behandelt. Aber ich fühle mich doch sehr allein. Ich bin auch nicht fähig, eine Beziehung zu meinen Mitbewohnern aufzubauen. Was mich freut, ist der Kontakt zu Schwester Ilse. Sie ruft mich, wenn sie Hilfe braucht. Da ich noch gut zu Fuß bin, erledige ich für die Heimbewohner so manchen Stadtgang, gehe in die Apotheke, kaufe auf dem Markt Obst ein oder begleite die eine oder andere Dame zum Arzt. Dann fahren wir immer mit einem Taxi. Solche Fahrten konnte ich mir früher nicht leisten. Außerdem hat mir Schwester Ilse die Blumenpflege im Heim übertragen. Blumen habe ich von jeher geliebt und nun darf ich sie zum Grünen und Blühen bringen. Die Tage hier auf der Freizeit in Bad Brückenau haben mich innerlich sehr aufgerüttelt. Ich weiß, ich tauge nicht vor Gott. Und doch habe ich ein solch starkes Verlangen, mit ihm in eine innige Verbindung zu treten. Ich möchte wie die anderen Frauen die Gewissheit haben, dass Jesus mein Erlöser ist."

Jetzt war ich an der Reihe und ich tue nichts lieber, als Menschen in die Gemeinschaft mit Christus zu führen. Noch einmal erklärte ich Frau Holder, wie sie die Vergebung ihrer Schuld erlangen kann, und versuchte ihr deutlich zu machen, wie sehr sie von Gott geliebt wird. Dabei kam mir ein wunderbarer Text aus Hesekiel 16,4-14 zur Hilfe. Ich will ihn hier sinngemäß wiedergeben. Er passte genau in die Lebensführung von Frau Holder:

„Als du geboren wurdest, hat man sich kaum um dich gekümmert und dich in Windeln gewickelt. Niemand war da, der sich über dich erbarmt hätte. So sehr wurde deine Seele verachtet. Ich, dein Gott, ging an dir vorüber und sah dich in deinem Elend. Da sprach ich zu dir: Du sollst leben, ja, du sollst leben! Ich habe dich heranwachsen lassen, und du bist schön und groß geworden. Als ich an dir vorüberging, wollte ich mich dir zuwenden. So breitete ich meinen Mantel über dich und deckte deine Sünden zu. Ich schloss einen Bund mit dir, und du solltest mein sein. Ich kleidete dich in kostbare Kleider und Schuhe und schmückte dich mit Kleinoden und Ketten. Auch legte ich dir einen Reif um deine Stirn und krönte dein Haupt. Außerdem gab ich dir köstliche Speisen zu essen. Milch und Honig stellte ich auf deinen Tisch. Du wurdest wie eine Königin geachtet, und überall sprach man von deiner Schönheit und deinem Schmuck."

Diese wunderbare Botschaft teilte ich Frau Holder mit, und wir beteten zusammen. Und wieder brach im Himmel der Jubel der Engel an, weil ein suchender Mensch heimgefunden hatte in die Arme Gottes.

Es war spät geworden in dieser Nacht, als wir uns verabschiedeten. Seitdem habe ich mit Frau Holder jedes Jahr eine Freizeit im Allgäu erlebt. Sie liebte das herrliche Haus in Moosbach. Einmal kam sie sehr aufgeregt zu mir. Sie erzählte mir: „Frau Bormuth, eben wollte ich meinen Tagungsbeitrag an der Rezeption bezahlen. Da sagte mir der Leiter des Heims: ‚Frau Holder, für Sie ist schon alles bezahlt. Aber ich darf Ihnen nicht sagen, wer Ihnen diese Freude gemacht hat.‘ Ich habe hin und her überlegt, wer diesen hohen Betrag von 695 DM überwiesen haben könnte. Aber darauf finde ich keine Antwort."

Ich wusste es auch nicht. Erst Jahre später erfuhr sie, dass sich der Oberbürgermeister der Stadt diese Überraschung für sie ausgedacht hatte. Er wollte ihr mit diesem Geld ein Dankeschön sagen für ihren unermüdlichen Einsatz im Altenheim. Sie war für das Haus ein großer Segen. In ihr hatte ich auch eine treue Beterin für meine Familie gefunden. Sie begleitete den Weg unserer Kinder im Studium, und ich musste ihr immer berichten, an welcher Universität sie gerade studierten. Als Gottfried sein zweites Staatsexamen bestanden hatte und nun zum Pfarrer ordiniert wurde, dankte sie im Gebet Gott für unseren Sohn. Dann fügte sie im Gespräch mit mir noch an: „Den Talar für Gottfried bezahle ich." Ich konnte ihr diese Liebestat nicht abschlagen. Dankbar bin ich, dass Frau Holder meine Freundin geworden ist. Öfter besuche ich sie, wenn ich auf meinen Vortragsreisen in ihrer Nähe bin, und schreibe ihr auch jeden Monat einen langen Brief. Glücklich ist der Mensch, der um solch eine treue Freundin in seinem Leben weiß! Mir ist dieses Glück widerfahren.

DAS BLANKE CHAOS
NACH 1945

Das Schicksal von Frau Kögel entspricht in vielen Dingen auch meinem Lebensweg. Aus diesem Grunde fühle ich mich mit ihr tief verbunden. Sie berichtet: In unserer Schule herrschte das blanke Chaos. Fast jeden Tag kamen neue Schüler in unsere Klasse. Sie waren mit ihren Eltern auf Pferdewagen von der Ostgrenze Deutschlands aufgebrochen, immer auf der Flucht vor den russischen Panzern. Unter der zurückgebliebenen Bevölkerung wüteten die russischen Soldaten grausam. Mir klingen noch heute die Worte des Führers in meinen Ohren. Lautstark hatte Hitler in einer Rede an das Volk hinausposaunt: „Kein russischer Soldat wird auch nur einen Fuß auf deutschen Boden setzen." Nun aber war es doch geschehen. Die Panzer der Sowjets hatten die deutsche Front überrollt und drangen unaufhaltsam nach Westen weiter vor. Schreckliche Gräueltaten waren in den Randgebieten Ostpreußens geschehen. Davon berichteten die neuen Schulkameraden. Auch uns packte die Angst. Müssen wir auch fliehen? Wie wird es uns ergehen? Noch verbot der Gauleiter jegliche Vorbereitungen für eine Flucht. Dies hätte seiner Meinung nach zur Wehrzersetzung geführt. Wer sich dennoch für die Flucht rüstete, hätte mit dem Tode bestraft werden können.

Aber nachdem immer wieder neue Flüchtlingsströme durch unser Dorf fuhren, begannen die Bauern doch, ihre Ackerwagen in den Scheunen umzurüsten und bauten Planen darauf. Außerdem luden sie massenweise Hafersäcke für die Pferde, Lebensmittel und einige wenige Kleidungsstücke darauf. Die Pferde wurden frisch beschlagen und mit Stollen versehen. Nachts schlachtete manch ein Landwirt noch schnell ein Schwein oder Kalb, denn der Weg nach Westen war weit. Auch wenn sich die Lehrer mühten, den Schulbetrieb einigermaßen aufrechtzuerhalten, waren die Kinder unkonzentriert und lustlos im Unterricht. Auch sie beschäftigte der Gedanke: Werden wir den Krieg verlieren und kommen die Russen auch in unsere Ortschaft? Die nackte Angst packte die Bevölkerung, und sogar die Jugend wurde von dieser Not erfasst. Wenn die Bauern beim Schweineschlachten erwischt worden wären, hätten sie an die Wand gestellt werden können. Schwarzschlachten war strengstens verboten. Das sonst so beschauliche Leben auf dem Lande war aus allen Fugen geraten.

Ich war elf Jahre alt und konnte mir nicht vorstellen, dass wir unsere Heimat verlassen sollten. Eigentlich lebte ich noch recht unbesorgt. Bis jetzt hatte sich der Krieg außerhalb unseres Landes abgespielt. Außer zwei schweren Luftangriffen auf Königsberg, die wir auch nur aus der Ferne erlebten, hatten wir noch nicht viel von den Kämpfen gespürt. Nun stand Weihnachten vor der Tür. Wir feierten das Fest noch in althergebrachter Weise, aber bei uns wollte keine rechte Freude aufkommen. Gewiss, es war eine Kriegsweihnacht, und die Familie war noch zusammen, was damals nicht selbstverständlich war. Sicher ahnten die Eltern mehr als wir Kinder. Wir bemühten uns, unsere Ängste zu verbergen und versuchten weiter unser fröhliches Kinderlachen vor den Eltern zu zeigen. So tummelten wir uns auf dem Eis, liefen Schlittschuh, machten uns Rutschbahnen und setzten uns dabei gelegentlich auch kräftig auf den Hosenboden. In diesem Jahr fiel sehr viel Schnee. Berge von Schneemassen türmten sich vor uns auf, und wir versanken in ihnen oft bis zum Bauch. Wenn dann die Hände und Füße kalt geworden waren und kribbelten, eilten wir schnell nach Hause. Dort stand unser großer alter Kachelofen. Wie wohlig war seine Wärme.

So brach das Jahr 1945 mit viel Frost und Schnee an. Die Straßen waren so glatt, dass wir auf ihnen Schlittschuh laufen konnten. Über uns zogen sich immer mehr dunkle Wolken zusammen, nicht nur am Himmel. Fernes Donnergrollen war schon zu hören. Wie schön wäre es gewesen, wenn es ein wirkliches Gewitter angekündigt hätte; denn das wäre ja wieder vorübergezogen. Aber es schien so, als ob die russische Front direkt vor unserer Heimat stünde. Wir wussten nicht genau, wo die Frontlinie verlief. Auf der spiegelglatten Straße zogen immer größere Trecks an uns vorbei. Wo kamen sie her, und wo wollten sie hin? Ich kann mich entsinnen, dass verzweifelte Menschen in unser Haus kamen und um einen Sarg für ihr Baby oder um eine Decke für ihren toten Großvater oder Onkel baten, damit sie die Leichen in einer Schneewehe am Straßenrand ablegen konnten. Die Verzweiflung war ihnen ins Gesicht geschrieben. Auch für uns, die wir noch eine warme Stube hatten, zeichnete sich immer mehr ab, dass wir bald auch fliehen müssten.

Die Mutter fing an, das Wichtigste zusammenzupacken, besonders Proviant für die Reise. In Frisching bei Oma und Opa hingen Würste und Speck in der Räucherkammer. Leider blieb keine Zeit, um die Wurstwaren zu holen. Unser Keller war voll mit Eingemachtem. Aber wir konnten von all den Köstlichkeiten nicht viel mitnehmen, denn unser Wagen war nicht groß, und wir Kinder sollten wenigstens abwechselnd darauf Platz finden.

Mutter und meine Schwester Ulli fuhren noch einmal nach Abschwangen. Onkel Ernst besaß dort eine Schmiede. Lore, unser Pferd, brauchte unbedingt neue Hufeisen und Stollen, damit sie auf den vereisten Straßen nicht ausrutschte.

Inzwischen war die zweite Januarhälfte angebrochen. Ein Teil Ostpreußens war schon in russischer Hand. Ehe wir unsere Heimat verließen, sickerte die Nachricht durch, dass wir in einem Kessel eingeschlossen waren. Es blieb nur noch der Weg über das Frische Haff. Der Donner der Geschütze kam nun immer näher. Ich hoffte noch, dass wir nicht flüchten müssten. So saßen wir Kinder am warmen Ofen, und ich strickte mir ein Paar Handschuhe für die Flucht. Einen bekam ich noch fertig, den zweiten nicht mehr.

Dann kam der 25. Januar 1945. Die Front der Sowjets war bedrohlich nahe gekommen. Am Abend schickte Mutti unsere Hausangestellte nach Hause. Hoffentlich konnte sie ihre Angehörigen noch antreffen und lief nicht den Russen in die Hände. Immer wieder fragten unsere Eltern den Ortsgruppenleiter, ob wir nicht doch flüchten dürften. Aber es gab keinen Räumungsbefehl, obwohl es in den Nachbardörfern schon heftig brannte.

Wir Kinder gingen zu Bett und waren tief und fest eingeschlafen, als wir um Mitternacht die Stimme unserer Mutter vernahmen: „Kinder, steht auf! Es geht los! Wir müssen flüchten!" Mutter hatte alles schon vorbereitet, und innerhalb einer Stunde verließen wir unser Haus. Am meisten litt ich darunter, dass ich meine Lieblingstiere Lotte und Moritz, unsere beiden Ziegen, zurücklassen musste. Ich weiß nicht, ob wir im Stall noch Ferkel hatten. Die großen Schweine hatten wir schon geschlachtet. Auch von unserem Mohrle, meinem süßen Kätzchen, musste ich mich verabschieden. Lore war noch einmal abgefüttert und getränkt worden und dann wurde sie vor den Wagen gespannt. Draußen war es bitterkalt. Das Thermometer zeigte minus 25 Grad an. Unsere Hündin Nixe begleitete uns und lief neben dem Treck her. Aber nach einigen Stunden war sie uns enteilt, und wir hatten sie gänzlich verloren. Wir fuhren auf der Landstraße, die total verstopft war. Auf der einen Seite kam uns deutsches Militär entgegen, und so stockte der Verkehr ständig. Nur schrittweise ging es voran. Auch unser Nachbar hatte sich uns angeschlossen.

Aber wo blieb unser Vater? Er war beim Volkssturm in Fuchsberg stationiert. Später erfuhren wir, dass er keine Ruhe mehr hatte. Er wollte wissen, was mit seiner Familie geschah. So machte er sich heimlich mit dem Bauern Harmgard aus Baschwangen auf den Rädern Richtung Uderwangen auf den Weg, um uns zu suchen. Plötzlich ging es für die beiden nicht mehr weiter. Zwei Flüchtlingswagen standen quer auf der Straße. Die Männer stiegen von ihren Rädern ab und gingen um die Wagen herum, ohne zu ahnen, dass dahinter eine Gruppe Russen stand. Herr Harmgard, ein großer, starker Mann in Zivil, war bewaffnet. Er sah die Russen zuerst. Auch mein Vater trug ein Gewehr. Dann hörten sie den Ruf: „Stoi! Hände hoch!" Mein Vater warf den Feinden geistesgegenwärtig sein Rad vor die Füße, sprang in den Chausseegraben und lief davon. Die Kugeln, die ihm hinterher geschossen wurden, verfehlten ihr Ziel. Gott hielt seine Hand über ihn. Von Herrn Harmgard haben wir nie wieder etwas vernommen. Seine Spur verliert sich. Wahrscheinlich ist er erschossen worden. Vater fand deutsches Militär, das ihn aufgriff und mit dem er dann weiter fliehen konnte.

Wir ahnten nichts davon und fuhren die Nacht und auch den nächsten Tag hindurch weiter. In Tharau machten wir für die Nacht Rast. In einem großen Gutshaus, das mit Flüchtlingen belagert war, fanden wir Aufnahme. Wir waren alle aufgeregt und voller

Angst. Die Dame des Hauses kam immer wieder durch den Saal, ermutigte uns, beruhigte uns verängstigte Flüchtlinge und half, wo sie konnte. Wir erfuhren dann, dass ihr Mann, der Gutsherr, sich erschossen hatte. Mutti backte noch irgendwo Brot, für das sie zu Hause den Teig schon gerichtet hatte. Es gab ja nichts mehr zu kaufen. Endlich ging die Nacht zu Ende, und wir brachen gegen Morgen auf, ohne zu wissen, wohin uns unser Weg führen sollte. Niemand konnte uns sagen, wo die Frontlinie verlief. Irgendwie aber erfuhren wir immer wieder die Hilfe Gottes, der uns in dem Chaos dennoch führte.

Schließlich erreichten wir Kreuzburg, ein kleines Städtchen. Dort trafen wir Menschen aus Uderwangen. Sie fragten immer wieder: „Frau Kögel, haben Sie Ihren Mann schon gefunden? Er war gestern hier und hat sie gesucht." Mutter konnte nur den Kopf schütteln, war aber froh über ein Lebenszeichen von ihm. Es war immer noch bitterkalt. Wir froren mächtig, waren übermüdet und litten Hunger und Durst. Auch unsere Lore musste unbedingt eine kleine Ruhepause haben. So fuhren wir hinter Kreuzburg auf ein Gehöft, wo wir eine warme Stube und etwas zu essen und zu trinken bekamen. Wir konnten uns auch auf die Strohbündel legen, die in den Zimmern ausgelegt waren, und ein wenig schlafen. Nur unsere Mutter blieb sehr nervös. Immer wieder hieß es in ihr: „Steh auf und geh nach Kreuzburg!" Sie wusste nicht, was das zu bedeuten hatte, aber da sie darüber nicht zur Ruhe kam, stand sie schließlich auf und machte sich auf den Weg. Wir Kinder blieben nun allein zurück. Später erzählte sie uns, dass sie auf dem Weg dorthin plötzlich ganz still und getrost wurde, als sie den Berg zur Stadt hinunterging. Auf einmal sah sie zwei Männer, gute Bekannte aus Uderwangen, die sie fragten, ob sie ihren Mann schon gefunden hätte. Mutti antwortete ihnen: „Ich suche ihn gerade." Da antwortete Onkel Däblitz: „Komm mit! Bei uns ist er."

So kann nur der lebendige Gott führen. Hier traf Mutti nicht nur die ganze Familie Däblitz, sondern auch Familie Mohnke aus Frisching, unsere Verwandten. Sie gehörten zu unserer Gemeinschaft und waren bewusste Christen. In Kreuzburg hatten sie Quartier bezogen, und unser Papa hatte sie hier entdeckt. Jetzt sah die Welt für uns vier Kinder ganz anders aus, als wir Papa in die Arme schließen konnten. Er erhielt von den Bauersleuten einen besseren und größeren Wagen und packte alles um. Nun lagen die Zügel in seinen starken Händen. Welch eine Last war von den Schultern meiner zarten Mutter abgefallen. Wieder fuhren wir in die kalte, dunkle Nacht hinaus. Aber wir waren nun zuversichtlich, denn Vater war ja an unserer Seite. Wir drei Familien blieben für die nächste Zeit zusammen. Jede hatte vier Kinder, und wir kannten uns bestens. Wie oft hatten wir miteinander gespielt. Auch für die Erwachsenen war es eine Stärkung. Nun beteten wir zusammen und machten uns immer wieder Mut.

In dieser Nacht war es schwer voranzukommen, es ging nur schrittweise. Für zwei Kilometer brauchten wir 12 Stunden. Unser Stau wollte sich einfach nicht auflösen. Dass wir von den russischen Panzern nicht überrollt wurden, ist mir bis heute ein Rätsel. Ich weiß noch, dass ich in meinem Herzen immer noch die leise Hoffnung hatte, dass die feindliche Front wieder zurückgeschlagen und wir wieder nach Hause kommen würden.

So langsam näherten wir uns dem Frischen Haff. Erinnern kann ich mich noch, dass wir in einem Säuglingsheim etwa eine Woche blieben. Dort fanden wir wieder ein Bett und wir konnten uns endlich waschen. Ich feierte hier meinen 12. Geburtstag. Leider mussten wir aber wieder weiter.

Inzwischen hatte der Frost nachgelassen. Wir näherten uns Heiligenbeil. Schon weit vor diesem Ort waren die Straßenränder mit Betten, Nähmaschinen, Kisten, Geschirr und Kleidern übersät. Sogar wunderbare Bilder lagen im Schnee. Wer über das Eis des Frischen Haffs wollte, musste so manche Last von seinem Wagen werfen. In Heiligenbeil fanden wir in einer leer stehenden Wohnung eine Unterkunft. Nur unser Pferd musste die Nächte draußen zubringen. Auch das Futter wurde knapp. Papa schlief jede Nacht auf dem Wagen, weil er befürchtete, Lore könnte uns gestohlen werden. So vergingen die Tage, und es begann wärmer zu werden. Das Eis schmolz langsam, aber auf dem Haff war die Hölle los. Lange Reihen von Trecks zogen dahin. Es gab keine Deckung für die Flüchtlinge, und so waren sie ein gutes Ziel für die Tiefflieger. Viele, die es bis dahin geschafft hatten, fanden hier den Tod. Eine Menge Wagen mitsamt den Pferden gingen in den eiskalten Fluten des Haffs unter. Da es keinen anderen Weg gab, mussten auch wir ihn nehmen. Die Eltern zögerten immer wieder, sich aufs Eis zu begeben. Schließlich entschlossen sie sich, bei Nacht über das Haff zu fahren. Walter und ich wurden in den Wagen gepackt, die Eltern, Ruth und Ulli liefen meistens nebenher, um den Wagen zu entlasten. Würde das Eis halten und würden wir ohne Beschuss über das Haff kommen? Außerdem war die Eisschicht an manchen Stellen durch die Bombardierung recht brüchig geworden. Von all dem Grauen auf dem Eis sahen Walter und ich nichts. Es ist sonderbar, dass sich auch in solch notvollen Situationen ein Kind geborgen weiß. Der Vater war ja in unserer Nähe. Und das Wunder geschah. Wir kamen sicher über das Haff.

In einer Kaserne konnten wir zunächst eine Bleibe finden, wo wir auch ein warmes Essen erhielten. Hier warteten wir nun auf ein Schiff. Das bedeutete zugleich, dass wir uns auch von unserem Pferd trennen mussten. Wir liebten unsere Lore sehr, und der Abschied fiel uns schwer. Wir standen um sie herum, strichen ihr über den Rücken und drückten sie liebevoll. Unermüdlich hatte sie uns auf der Flucht durch dick und dünn gezogen.

Endlich kam ein Schiff. Alle strömten zum Hafen, auch wir mit unserem wenigen Gepäck, das wir noch hatten. Eine riesige Menschenmenge wartete auf die Überfahrt. Wir waren bei den Letzten. Meine Brüder waren krank und saßen wie ein Häufchen Elend auf den Bündeln. Familie Däblitz und Mohnke hatten es noch geschafft, wir aber mussten zurückbleiben und fanden in Pillau eine leer stehende Wohnung. Ruth und ich fingen an zu fiebern, und es stellte sich heraus, dass wir an Scharlach erkrankt waren. Da lagen wir nun total erschöpft auf dem Fußboden, und Mutti konnte uns nichts zur Erfrischung reichen. Ich dachte an Zuhause, wo der Keller voll war mit eingemachtem Obst.

Dann wurde unser Papa auf das Gut Linkau geschickt, wo er als Gärtner arbeiten sollte. Vielleicht war das seine Rettung. Wenn er als Volkssturmmann an die Front gekommen wäre, hätten wir ihn wahrscheinlich nie wiedergesehen. Wir vier Geschwister kamen in eine Baracke. Dort waren wir isoliert.

Eines Abends gab es einen heftigen Luftangriff. Wir waren völlig ungeschützt in diesem Holzbau, und es war ein Wunder, dass er nicht zerstört wurde. Noch am selben Abend zogen wir in einen Bunker um.

Mittlerweile schien die Sonne schon wärmer, und wenn keine feindlichen Flieger am Himmel waren, konnten wir draußen ein bisschen hin und her gehen. Abends gab es regelmäßig Fliegeralarm. Mutter war dann immer bei uns. Sie sagte: „Wenn wir sterben, dann sterben wir zusammen." Als die Angriffe immer schlimmer wurden, holte uns Mutter aus dem Bunker und wir fuhren zu unserem Papa nach Linkau. Dort wohnten wir dicht zusammengedrängt in einem Raum. Für kurze Zeit hatten wir noch Ruhe. Dann brach eines Morgens die Hölle über uns herein. Papa konnte sich noch zu uns retten. Wir saßen in einem einfachen Keller. Über uns waren die Flieger mit ihren Bordwaffen und Bomben. Jeden Moment mussten wir damit rechnen, dass das Haus über uns einstürzte. Endlich gegen Abend ließ der Angriff nach. Voller Schrecken sahen wir am nächsten Morgen die Verwüstung. Viele Kühe lagen sterbend oder bereits tot auf der Wiese. Papa erhielt dann vom Gut zwei Pferde und einen Wagen. Wir luden noch einmal unser weniges Gepäck, das uns noch geblieben war, darauf und fuhren los. Eigentlich gab es kein Entrinnen mehr. Auf der einen Seite war die Ostsee und ringsherum waren wir von den Russen eingeschlossen. Als wir auf der Landstraße fuhren, entdeckte uns ein feindlicher Flieger. Wir waren weit und breit ganz allein und eine sichere Zielscheibe für ihn. Wir konnten noch schnell in den Straßengraben springen. Laut habe ich zu Gott geschrien, und er hat seine Hand über uns gehalten. Als das Flugzeug abdrehte und wir aufstanden, waren wir alle am Leben. Auch unseren Pferden, die wir uns wieder beschafft hatten, war nichts passiert. Welch ein Wunder Gottes! Irgendwo auf einem Gehöft machten wir am Abend halt. Es waren noch mehr deutsche Flüchtlinge dort. Geschlafen haben wir im Keller. Niemand wusste, was die nächsten Stunden bringen würden. Am Morgen hörten wir, dass jetzt die Russen kämen. Wir mussten aus dem Keller, und beim Hinausgehen standen eine Rei-

he Russen vor uns. Sie schrien: „Uri, Uri!"
Dass wir ausgeraubt wurden, war noch recht
harmlos. Soweit ich es als Kind mitbekommen habe, fanden noch keine gewaltsamen
Übergriffe statt. Einer der Russen sagte uns,
dass wir nach Hause gehen sollten. So fuhren wir zwischen den Fronten zurück. Auf
der russischen Frontlinie hatten sich die Sta-
linorgeln eingeschossen. Von deutscher Seite gab es nur noch wenig Widerstand. Die
Russen hatten kaum noch Zeit, uns weiter
auszuplündern. Vergessen werde ich nicht,
dass sich unser Papa die gute, dicke Joppe
auszog und sie mit der alten geflickten ver-
tauschte, die er zu Hause bei der Arbeit trug.
Er ahnte wohl, was auf ihn zukam. Als wir
die Front hinter uns gelassen hatten, wurden wir von den Russen bestürmt. Auf einer Wiese mussten wir anhalten, und dann
brach für uns die Hölle los. Zunächst wurden alle Männer von den Familien getrennt.
Sie wurden abgeführt und mussten sich im
Gras lagern. Wir durften uns noch nicht einmal von ihnen verabschieden. Ich sehe heut
noch die Augen meines Vaters, wie er uns
traurig anschaute. Würden wir uns je wiedersehen? Dann wurden die älteren Kinder

und Jugendlichen aussortiert. Ruth stand auch schon in der Reihe. Da griff Mutti beherzt ein und holte sie schnell wieder zu uns. Vielleicht wäre sie wie viele andere in Sibirien gelandet. Die Nacht brach herein mit ihren Schrecken, die wir durchzustehen hatten. Mutti versuchte besonders Ruth und mich auf dem Wagen gut zuzudecken. Sie schärfte uns ein, den Russen ja nicht zu sagen, wie alt wir wären. Nie werde ich diese Nacht vergessen. Die Frauen schrien um Hilfe. Auch unsere Mutter wurde von den Soldaten weggeschleppt. Wie wilde Tiere stürzten sie sich auf sie. Hilflos standen wir dabei. Was hätten wir denn tun sollen? Ruth und ich wurden nach unserem Alter gefragt. Wir nannten irgendeine Zahl, und dann verschwanden die Russen wieder. Gott hatte seine Hände über uns Mädchen gehalten. Aber Mutti wurde brutal vergewaltigt. Schließlich ging auch diese grausige Nacht vorüber. Die Pferde vor dem Wagen waren immer wieder ausgewechselt worden, bis wir nur noch einen alten Klepper hatten. Das Wenige, das uns noch verblieben war, wurde uns auch noch zum größten Teil geraubt.

Dann trieben sie uns zusammen, und der

traurige Zug von geschändeten Frauen und verängstigten Kindern setzte sich in Bewegung. Männer waren kaum noch in unserer Mitte. Wohin es nun ging, das wusste niemand. Soldaten bewachten unseren Zug. Es war jetzt Mitte April, und die Sonne schien schon recht warm vom Himmel. Ich weiß nicht mehr, ob wir noch etwas zu essen hatten. Aber den quälenden Durst werde ich wohl nie mehr vergessen. Wenn wir durch Ortschaften kamen, hielten die Frauen Ausschau nach Wasser. Brunnen gab es wohl, aber das Wasser war von den Russen verunreinigt worden. Endlich nach langem Suchen fanden wir einen Brunnen mit gutem Trinkwasser und konnten unseren Durst stillen. Unser Walter, der noch nicht sieben Jahre alt war, konnte es am wenigsten begreifen, welche Not über uns hereingebrochen war. Wenn uns zwischendurch eine kurze Rast gegönnt wurde, sagte er immer wieder: „Mutti, komm nach Hause!" Er wollte all diesem Elend entfliehen.

Eines Tages wurden wir in einen Stall gesperrt. Es breitete sich das Gerücht aus, dass er angezündet werde sollte. Angst trieb uns um. Aber nach einer Weile ließ man uns wieder frei. Wir wurden auf eine Wiese getrieben. Dort standen Russen, die ihre Maschinengewehre schon aufgestellt hatten. Nun sollten wir erschossen werden. Ich fing bitterlich an zu weinen. Welches Kind stirbt schon gern mit zwölf Jahren! Mutti versuchte, uns zu trösten. Doch dann wurde mir klar: Wenn du jetzt sterben musst, dann gehst du für die Ewigkeit verloren. Ich wusste schon als Kind, dass Jesus Herr meines Lebens sein wollte. Aber ich hatte die Hinwendung zu ihm immer wieder aufgeschoben, weil ich damals dachte, meine Bekehrung habe noch lange Zeit. Nun stand ich aber plötzlich vor meinem Ende. In diesem Augenblick nahm ich Jesus als meinen Retter und Heiland auf. Das war der Anfang meines Christseins.

Auch auf dieser Wiese geschah das Wunder, dass wir wieder weiterziehen durften. Inzwischen waren wir so müde, dass uns unsere Füße kaum noch tragen wollten. Am Abend fanden wir endlich Unterschlupf in einem Gebäude. Wir Kinder waren so erschöpft, dass wir auf der Stelle einschliefen. Von den Gräueltaten, die in dieser Nacht passiert sind, haben wir nichts mitbekommen. Mutter wurde wieder von den Russen aus unserer Mitte herausgeholt und brutal geschändet. Am nächsten Morgen ging es dann weiter Richtung Königsberg. Die Stadt war total zerbombt und zerschossen. Überall lagen in den Trümmern und auf den Straßen Leichen. Königsberg hatte sich erst am 9. April ergeben. Nun herrschte ein grausames Chaos. Menschen wurden erschossen, Frauen vergewaltigt und viele Häuser zerstört. Vorräte an Lebensmitteln und Medikamenten, die noch vielen Menschen das Leben hätten retten können, wurden unbrauchbar gemacht. Wir Deutschen waren für die Russen zum Freiwild geworden. An einer Kommandantur fand unser Leidensweg zunächst ein Ende. Uns wurde ein brauchbares Heim zugewiesen. Dort wohnten wir zwar sehr beengt, aber wir hatten endlich ein Dach über dem Kopf. Da der russische Oberst in der Nähe war, wurden die Frauen nicht mehr so sehr belästigt.

Wo aber war unser Vater verblieben? An dieser Ungewissheit trugen wir schwer. Mutter nahm uns manchmal in die Arme, und wir weinten alle bitterlich. Unsere Zuflucht blieb das Gebet. Manchmal schrien wir auch zu Gott. In dieser Zeit musste sich

Mutti zur Arbeit melden. Am Abend brachte sie dann manchmal etwas zu essen für uns mit. Wenn es möglich war, begleitete einer von uns sie zur Arbeitsstelle. Sie fühlte sich dann sicherer, weil sie fürchtete, von den Russen verschleppt zu werden. Die Deutschen durchstreiften die eingestürzten Keller und suchten nach etwas Essbarem. Erinnern kann ich mich an nasses, muffiges Brot mit großen Mehlklumpen darin, das wir ab und zu entdeckten. Auch an Wasser fehlte es uns. Zum Glück funktionierte in der Nähe noch eine Pumpe. Aber allein wagten wir uns nicht dorthin, denn aus dem Haus, in dem wir wohnten, wurde einmal ein sechsjähriges Kind brutal geschlagen und missbraucht, weil es nicht so schnell hatte weglaufen können.

An den 8. Mai 1945 kann ich mich noch gut erinnern. Es war ein strahlend sonniger Tag und auch das Ende des Krieges. Mutti musste mit anderen Frauen zur Arbeit gehen. Weil sie so viel Angst um uns hatte, nahm sie uns vier mit. Die Russen befanden sich in einem Siegestaumel. Sie brüllten immer wieder: „Gitler kaputt, Gitler kaputt!" Das H konnten sie nämlich nicht aussprechen.

Von unserem Papa hatten wir noch immer keine Nachricht.

Im Juni entschloss sich Mutti dazu, einmal nach Uderwangen zu gehen. Weil sich ihr noch einige Deutsche anschlossen, fühlte sie sich etwas sicherer. Sie kam mit der frohen Nachricht zurück, dass Papa auf uns in unserem Heimatdorf wartete. Er war halbverhungert aus einem Internierungslager entlassen worden. Tante Eggert, die uns später noch so manches Mal unter Lebensgefahr geholfen hat, hatte sich seiner angenommen und versucht, ihm etwas Essen zu besorgen. Am liebsten wären wir alle sofort nach Uderwangen aufgebrochen, aber Mutti war noch bei einem deutschen Arzt in Behandlung. Nach zwei Wochen machten wir uns auf den Weg in unser Dorf. Das war ein Wiedersehen!!! Papa behielt Walter und mich bei sich, während Mutti mit Ruth und Ulli nach Königsberg zurückging. Nach 14 Tagen wollten sie dann für immer zu uns kommen. Papa hatte sich ein kleines Stübchen mit zwei Bettstellen, einem Tisch und ein paar Stühlen eingerichtet. Nun zogen wir zu Papa. Er musste zu den Russen arbeiten gehen, und wir wussten oft nicht, ob er abends wieder zurückkäme oder verschleppt würde. Manchmal hatte er ein Stück Fleisch oder auch ein paar Kartoffeln entdeckt. Hier auf dem Lande brauchten wir nicht so schlimm zu hungern wie in Königsberg. Mit ein paar Ziegelsteinen bauten wir uns im Garten einen Herd. Es war ja Sommer, und so spielte sich vieles im Freien ab.

Die Zeit verging. Wir warteten auf Mutti, Ruth und Ulli, aber vergeblich. Dann erreichte uns die Nachricht, dass Ruth mit Typhus im Krankenhaus lag und wahrscheinlich auch Mutti und Ulli unter Typhusverdacht standen. Das bedeutete fast immer den sicheren Tod, denn es gab ja kaum Medikamente. Ich habe mich damals in Papas Armen ausgeweint; denn wir hatten kaum noch Hoffnung, unsere Lieben wiederzusehen.

Es wurde September, und draußen war es schon merklich kühler. Papa hatte den Mut, in einem noch nicht zerstörten Haus ein großes Zimmer und eine Küche herzurichten. Auch hier fehlten überall Fenster und Türen. Er machte sich auf die Suche und schaffte es schließlich, die Räume vollständig bewohnbar zu machen. Auch weiterhin musste er zu den Russen arbeiten gehen. Von irgendwoher brachte er uns immer etwas zu essen mit. Viele Kinder bettelten bei den Russen. Walter und ich versuchten es auch, aber ohne Erfolg. Und dann geschah es eines Abends, als Papa auf dem Nachhauseweg war, dass er drei fast verhungerte Gestalten traf. Eine von ihnen saß in einem Handwagen, weil sie vor Schwäche nicht mehr gehen konnte. Es war unsere Ruth. Mutti und Ulli zogen unter großen Mühen den Handwagen. Zwei Tage waren sie von Königsberg zu uns unterwegs gewesen. Gott hatte sie uns noch einmal geschenkt. Welch ein Wunder! Welch ein Glück! Sie waren alle drei dem Tod näher als dem Leben. Doch wir waren wieder zusammen und ganz langsam erholten sich die drei. Mutti und Papa bekamen dann Arbeit in einem Kuhstall. Dort sollten kranke Tiere wieder gesund gepflegt werden. So brachten sie auch oft Milch mit nach Hause. Auf den Feldern lagen noch Ähren. Wir sammelten sie, klopften sie aus und mahlten die Körner in einer Kaffeemühle. So konnten wir ab und zu Brot backen, wenn es auch sehr mühsam war. Aber wir brauchten im ersten Nachkriegswinter nicht zu hungern. Mutti nahm auch den Kampf mit den Läusen auf, die uns doch sehr quälten. Einmal hatte sie gegen Brot eine wunderschöne Strickjacke aus Schafwolle eingetauscht. Aber plötzlich hatten wir auch noch Kleiderläuse. Als Mutti sich die Jacke genau anschaute, entdeckte sie, dass sich hier die Plagegeister eingenistet hatten.

Einmal schickte mich Mutti mit einem Brot zu einer Familie, die in einem stark zerstörten Haus wohnte. Sie hatten keinen Vater mehr, der ihnen etwas hätte renovieren können. Die Mutter traf ich leider nicht an, und die Kinder lagen frierend und hungrig in den Betten. Ich kann mich noch genau erinnern, dass sie sich wie Wölfe auf das Brot stürzten, das ich ihnen gab.

Inzwischen hatten uns die Russen aus dem Haus geworfen und Papa musste uns wieder eine neue Bleibe zurechtzimmern. Nun wohnten wir sehr beengt mit sieben Personen in einem Zimmer. Aber wir brauchten wenigstens nicht zu frieren. Doch bald mussten wir auch diese Unterkunft wieder verlassen. Papa hatte inzwischen eine Wohnung für den Bürgermeister renoviert. Da der aber nie gekommen war, zogen wir dort ein. Es waren zwei Zimmer und eine Küche. Hier konnten wir wohnen bleiben, bis wir 1948 endlich das Land verlassen konnten. In dieser Wohnung bekamen wir noch Zuwachs. Es war unser Kätzchen Mohrle. Es war total verwildert und hielt sich auf dem Dachboden auf. Ulli und ich kletterten die Leiter hoch und brachten ihr etwas Milch. Schnell packten wir sie am Nacken und holten sie in die Stube. Langsam wurde sie zutraulich. Später, als wir aussiedeln konnten, haben wir Mohrle einer Russin anvertraut.

Inzwischen zählten wir das Jahr 1946. Der Hunger wurde noch schlimmer. Auf dem Hof, in dem meine Eltern kranke Pferde und Kühe versorgen sollten, starb oft eins von den Tieren oder musste getötet werden. Dann versuchte Papa für uns ein Stück Fleisch mitzubringen oder auch etwas Hafer, den eigentlich die Pferde haben sollten. Mutti brachte uns manchmal etwas aus dem Schweinetrog mit oder Kartoffelschalen. Einmal hatten Ruth und Ulli Wurzeln entdeckt. Es hieß, sie wären essbar, aber sie waren giftig. Die ganze Familie wäre fast an diesen Wurzeln gestorben. Als die Not am größten war, wurden Kartoffelmieten von den Deutschen gefunden. Sie stammten noch aus dem Jahr 1944. Da keine Luft darangekommen war, waren sie nicht verfault, sondern hatten sich zu Stärke zersetzt. Das war unsere Rettung. Von diesen Kartoffeln konnten wir Suppen und Klöße zubereiten, Plinsen ohne Fett backen und Soßen aus Melde und Brennnesseln andicken. Es war kein vorzügliches Essen, aber wir hatten wenigstens etwas im Bauch. Doch auch diese Vorräte neigten sich dem Ende zu. Wenn die Eltern versuchten etwas Hafer mitzubringen, standen sie in Gefahr, erwischt zu werden. Brot gab es fast gar nicht. Auch Kinder erhielten ab einem gewissen Alter nichts mehr. Sie mussten arbeiten gehen, um etwas Essbares für den Magen zu erhalten. Die einzige Freude, die uns Kindern blieb, war das Reiten. Stundenlang tummelten wir uns auf dem Rücken der Pferde. Manchmal wurden wir auch abgeworfen, aber wir stiegen erneut auf. Ulli musste Pferde hüten, und so standen sie uns zur Verfügung. Auf einem Pferderücken muss man gesessen haben, um die Schönheit der Welt zu erfahren. An diese Freiheit, die wir hier erlebten, denke ich noch gern.

Das Jahr 1946 ging zu Ende, viele Menschen verhungerten. Aber in den Städten war es noch dramatischer als auf dem Land. Weihnachten rückte immer näher. Wir hatten ein winzig kleines Bäumchen, geschmückt mit ein paar bunten Wollresten und selbst gedrehten Kerzen. In der Ofenröhre wurden unsere „Plätzchen" aus Kartoffelschalen gebacken. Damit die Schalen nicht so eklig schmeckten, hatte sie Mutti in die Röhre gestellt. Leider konnte Mutti nicht mit uns den Heiligabend feiern, denn sie musste im Stall Nachtwache bei den Tieren halten. So kam es, dass Papa mit uns Kindern allein war. Frau Ewert, die mit ihren drei Söhnen und ihrer alten Mutter mit im Haus wohnte, hatte sich noch zu uns gesellt. Dieses Weihnachtsfest werde ich immer in Erinnerung behalten. Vielleicht haben wir wirklich Christnacht gefeiert. Wir hatten nichts, keine Geschenke und auch nichts zu essen. Aber eines war uns geblieben: das Wort Gottes, die Weihnachtsgeschichte und die schönen, alten Weihnachtslieder. Es wurde in unserer Familie viel an diesem Abend gesungen. Das Jesuskind, das Weihnachten auf die Welt kam, wurde auch nicht in einem Schloss geboren, sondern in aller Armut in einem Stall. Ich glaube, wir waren dem Jesuskind in unserer Not sehr nahe. Uns war ja alles genommen worden, aber ihn, den Heiland der Welt, konnte uns niemand nehmen. So erreichten wir das Jahr 1947.

Wir wussten nicht, wie alles weitergehen sollte. Nur die Hoffnung war uns geblieben, dass wir vielleicht doch mit einem Transport nach Deutschland kommen könnten. Es gab keine Informationen, sondern bloß Gerüchte, die in Umlauf gebracht wurden. Der Winter war kalt und hart, wie immer in Ostpreußen. Unsere Kraft nahm immer mehr ab. Froh waren wir, wenn wieder ein Pferd starb. Da versuchten wir heimlich, uns etwas Fleisch zu ergattern. Da die Kontrollen immer schärfer wurden, war es den Eltern kaum noch möglich, Hafer mit nach Hause zu bringen.

Wir waren froh, als das erste Grün das Erdreich durchbrach und wir aus Melde und Brennnesseln etwas Spinat kochen konnten. Ich musste jetzt auch arbeiten gehen, um wenigstens ein Stückchen Brot zu erhalten. Für uns entkräftete Kinder war die Arbeit auf den Feldern sehr hart. Wenn wir nicht unter Aufsicht standen, legten wir uns in die Furchen und ruhten uns aus. Aber wir durften nicht erwischt werden. Unser Papa musste eine Zeit lang auf die Pferde aufpassen, damit sie nicht von den Russen gestohlen wurden. Eines Morgens kam er nicht nach Hause. Mutti ging es an dem Tag nicht gut. Sie litt unter Fieberschüben. Trotzdem machte sie sich auf den Weg, um Papa zu suchen. Sie ahnte nichts Gutes. Denn immer wieder verschwanden Menschen, die dann nicht mehr gesehen wurden. So fand sie ihn mit noch anderen Deutschen von den Russen verhaftet. Ihm wurde Sabotage vorgeworfen. Er sei schuld daran, dass die Pferde und auch die Kühe verhungerten. Gegen solche Anklagen konnte man sich nicht wehren. Mutti wurde davongejagt. Sie kam nach Hause und sank mutlos und verzagt aufs Bett. Nun standen wir Kinder da und wussten nicht, was wir tun sollten. Unser Vater war verschleppt und Mutti schwer krank. Was sollten wir ihr zu essen geben? Es gab keine Erfrischungen. Wir hatten bloß noch Wasser. Uns blieb nur eine Zuflucht: das Gebet. Tief in meinem Herzen gab mir Gott die Gewissheit, dass Papa wieder zurückkommen würde. Das machte mich trotz aller Angst innerlich ruhig. Am dritten Tag gegen Abend sah ich ihn am Fenster vorbeikommen. Gebet bewegt Gottes Arm. Das haben wir tatsächlich erfahren. Er war einfach von der Kommandantur in Königsberg nach Hause geschickt worden.

Nach einiger Zeit hieß es plötzlich, dass Papa am anderen Tag nicht zur Arbeit gehen dürfe. Außerdem war es ihm verboten, den Ort zu verlassen. Es käme Militär von Königsberg und Papa würde verurteilt. Wir sind am Abend auf unsere Knie gegangen und haben Gott um Hilfe und Beistand angerufen. Die Deutschen waren den Russen gegenüber völlig rechtlos. Wir konnten nirgends Einspruch erheben. Am nächsten Morgen hieß es dann, vom Papa Abschied zu nehmen, denn wir Kinder mussten zu unseren Arbeitsstellen. Wir wussten, wenn Papa abgeholt würde, dann wäre dies ein Abschied für immer. Wie viele Tränen sind an diesem Morgen geflossen und wie viele Gebete sind zum Himmel aufgestiegen. Zwischen Angst und Hoffnung gingen wir am Mittag nach Hause und erlebten die Freude, dass unser

Papa noch da war. Dann mussten wir noch einmal Abschied nehmen. Wieder waren wir verzweifelt, denn am Nachmittag hätte noch viel Schlimmes passieren können. Endlich hatten wir Feierabend. Zu Hause trafen wir dann Vater wohlbehalten an. Niemand hatte nach ihm gefragt oder ihn abgeholt. Gott hatte unser Schreien gehört, und wir waren ihm von ganzem Herzen dankbar. Die Anklagen verliefen alle im Sand, und niemand kümmerte sich weiter um unseren Papa.

Unserer Mutti aber ging es immer schlechter. In ihrem Körper hatte sich viel Wasser angesammelt. Das hohe Fieber hatte sie stark geschwächt. Wenn ich von der Arbeit kam, überfiel mich oft die Angst, dass ich sie gar nicht mehr lebend antreffen würde. Viele Kinder hatten das böse Schicksal durchmachen müssen, dass sie ohne Vater und Mutter dastanden. Was hätten wir ohne unsere Eltern anfangen sollen? Auch unser Papa war recht schwach geworden. Es fehlte uns ja am Nötigsten.

Die Ödeme an seinen Beinen und Füßen waren ein gefährliches Zeichen.

Manchmal erlebten wir aber auch einen Lichtblick. Einige Russen verkauften uns

Haferschrot, was sie natürlich gestohlen hatten. Alles musste heimlich geschehen. Sie durften sich natürlich nicht erwischen lassen, und wir auch nicht. In Königsberg muss es einen „Schwarzmarkt" gegeben haben. Da konnte man für Rubel etwas kaufen.

Dann wurde es langsam Sommer, und auf dem Feld gab es viel Arbeit. Die Kartoffeln waren gut gediehen und mussten nun gehäufelt werden. Für diese Arbeit war Papa zuständig. Aber er konnte den Pflug nicht allein lenken, sondern brauchte jemanden, der das Pferd an der Leine führte. So saß ich mehrere Tage auf dem Pferd. Ohne Sattel war dies nicht immer angenehm. Ich wurde nie kontrolliert, wenn wir heimwärts ritten. So wagten wir, auch mal einige Kartoffeln in die Taschen zu stecken, wenn die Ernte gekommen war. Papa rief mich dann immer zu sich, wenn er vom Feld ritt, und zusammen traten wir den Weg nach Hause an.

Einmal kam uns der Agronom entgegen. Wir zitterten vor ihm, denn er hatte etwas Teuflisches an sich. Vor meinem Vater blieb er stehen und klopfte mit seinem Zeigefinger auf seine Brust. Dabei erzählte er, was er alles bekäme, wenn er die vorgeschriebene

Norm beim Pflügen erreichte. Ich stand daneben und war mit Kartoffeln ausgestopft. Ich war froh, dass er nicht mir auf die Brust klopfte, denn dann wäre ich ans Messer geliefert gewesen.

Die Kartoffelernte war hervorragend ausgefallen, aber leider gingen wir Deutschen leer aus. Sie wurden alle in einen großen Keller geschüttet. Dort mussten wir Kinder im Winter Kartoffeln verlesen. Ich versuchte immer, einige mit nach Hause zu nehmen.

Mutti erholte sich im Laufe der Zeit von ihren Fieberschüben etwas. Auch unserem Papa ging es besser. Manchmal sagte Mutti: „Vielleicht will uns Gott am Leben erhalten, damit wir seine Zeugen sein können." So ging auch das Jahr 1947 zwischen Hoffen und Bangen zu Ende.

An unserer hoffnungslosen Situation änderte sich nicht viel. Es gab keinen Unterricht. Wie sollten wir den Mangel an Schulbildung später aufholen? Übrigens wuchsen auch die Kinder der Russen ohne Schulbildung auf. Walter, der im Sommer 1944 eingeschult worden war, konnte mit zehn Jahren weder lesen noch schreiben.

Es sickerte langsam durch, dass Transporte

mit Deutschen ausgesiedelt werden sollten. Wir wussten nicht, ob dies Wahrheit oder nur Gerücht war. Doch es ließ uns wieder hoffen, dass unsere Not einmal ein Ende haben würde. So zog der Winter 1947/48 ins Land. Irgendwie unter großen Mühsalen überstanden wir ihn. Eine Hilfe waren uns die Kartoffeln, die ich immer heimlich nach Hause brachte. Im Frühling mussten wir wieder aufs Feld. Dann kam der Tag, den ich wohl nie vergessen werde. Wir konnten vom Acker die Straße einsehen, die nach Königsberg führte. Aus dieser Richtung kamen eine Reihe Lastwagen, die aber am anderen Dorfende nicht herausfuhren. Als es zum Mittag läutete, machten wir uns voller Hoffnung auf den Weg, dass jetzt die Stunde der Befreiung für uns geschlagen hätte. Auf einem anderen Weg kamen Papa und Ulli mit dem Pferdewagen an und riefen mir zu: „Elisabeth, beeil dich, wir kommen nun heraus!" Schnell liefen wir nach Hause. Unsere Rucksäcke standen schon gepackt da, weil wir jeden Tag mit unserer Heimkehr nach Deutschland rechneten. Mit den wenigen Habseligkeiten auf dem Buckel machten wir uns zu den Lastwagen auf den Weg. Mutti lief noch schnell in die russische Bäckerei und kam tatsächlich mit einem Brot zurück. Wir standen inzwischen große Ängste aus, dass die Lastwagen ohne sie abfahren würden. Auf dem Weg nach Königsberg grüßte uns noch einmal unser Kirchturm. Dann entschwand auch er unseren Blicken. Es war eine Fahrt ins Ungewisse und doch waren wir voller Zuversicht. In Königsberg auf dem Bahnhof warteten schon viele Deutsche. Überall standen armselige Gestalten herum. Selten sah man jemanden, der ordentlich angezogen war. Uns wurden Rubel ausgehändigt, sodass wir wenigstens Brot für die Reise kaufen konnten. Wie lange unsere Fahrt dauern würde, konnte uns keiner sagen. Am nächsten Morgen wurden wir in den Zug verladen, etwa 40 Personen in einen Güterwagen. Es gab nirgends eine Toilette oder Wasser. Uns wurde nur ein Eimer übergeben. Wir hatten schon so viel durchgemacht, nun würden wir auch diese lange, primitive Reise überstehen. Als sich der Zug mit etwa tausend Deutschen in Bewegung setzte, wurde irgendwo das Lied angestimmt:

*Nun danket alle Gott mit Herzen, Mund
und Händen,
der große Dinge tut an uns und allen Enden,
der uns von Mutterleib und Kindesbeinen an
unzählig viel zugut und noch bis jetzt getan.*

Dieser Gesang pflanzte sich von Wagen zu
Wagen fort. So begann unsere achttägige
Heimkehr mit einem Gotteslob. Unterwegs
gab es immer wieder Aufenthalte, und wir
konnten uns auf den Bahnsteigen die Füße
vertreten und das Nötigste erledigen. In Erinnerung ist mir noch geblieben, dass unsere
Ruth auf der Fahrt Malaria bekam. Da lag
sie nun elend und vom Fieber geschüttelt
und es gab keinen Arzt, der ihr hätte helfen
können. Noch nicht einmal eine Erfrischung
konnten wir ihr reichen.

Ein kleines Erlebnis auf einem polnischen
Bahnhof ist mir unvergesslich geblieben. Es
gab öfter einen Aufenthalt, den wir nutzten,
um uns von der Sonne wärmen zu lassen. Da
kam ein Pole und nahm unseren jüngsten
Bruder Walter mit. Wir warteten und hatten
mächtig Angst, dass der Zug ohne ihn abfahren würde. Aber wie groß war die Freude, als
er endlich kam und ein Weißbrot mitbrach-

te, das der Pole ihm geschenkt hatte. Gott war treu. Wir hatten wieder etwas zu essen, dazu noch ein Weißbrot. Es war ein Genuss, den wir schon lange entbehrt hatten. So ging auch diese Fahrt langsam ihrem Ende entgegen. An einem Abend, es muss ein Sonntag gewesen sein, kamen wir an unserem Ziel an. In Wölfen konnten wir den Zug verlassen. Wir nahmen unsere Bündel und wanderten durch den Ort ins Quarantänelager. Was ich zuerst wahrnahm, waren Menschen am Straßenrand in Hut und Mantel. Ich wunderte mich, dass sie so nett angezogen waren. Was für einen Eindruck mögen wir in unserer dürftigen lumpigen Kleidung gemacht haben. Im Lager wurden wir dann in einen größeren Raum eingewiesen. Unsere Ruth kam auf die Krankenstation und wurde dort versorgt. Die Zeit hier war noch einmal recht notvoll. Wir litten wieder Hunger, weil es nur wenig Brot und mittags lediglich eine dünne Suppe gab. Wenn wir dann abends das Personal mit Eimern voller Kartoffeln sahen, die sie wegtrugen, bekümmerte uns dies zutiefst, denn sie waren eigentlich uns zugedacht. Wir konnten uns auch nichts besorgen, denn wir durften unser Lager nicht verlassen. Ich erinnere mich, dass wir verbotenerweise durch den Stacheldraht krochen, um uns ein bisschen Sauerampfer zu pflücken.

Endlich gingen auch diese vier schrecklichen Wochen vorüber. Nun waren wir gespannt, was kommen würde. Wir wurden dann in Gruppen aufgeteilt. Unsere Familie und noch einige andere landeten in Halle. Hier fuhren wir mit der Straßenbahn bis zum Volkspark, wo wir noch einige Kleidungsstücke erhielten. Nun fielen wir gegenüber den anderen Bewohnern nicht mehr als so ärmlich auf. Hier in dieser Stadt wurden wir in eine Wohnung im Hinterhof eingewiesen. Uns gegenüber stand ein Haus, das so hoch war, dass kein einziger Sonnenstrahl zu uns hereinfiel. Die Enge empfanden wir als bedrückend, denn auf dem Land hatten wir doch die Weite vor uns gehabt. Ich höre heute noch Mutti sagen: „Und hier sollen wir jetzt wohnen." Andererseits waren wir froh, dass wir ein Dach über dem Kopf hatten. Aber wir standen wieder einmal vor dem Nichts. Die wenigen Möbel, die wir vorfanden, gehörten uns nicht, und sie wurden uns auch genommen. Die Volkssolidarität brachte uns das Nötigste. So bekamen wir wenigstens einige Bettgestelle. Wir lebten zwar in großer Armut, waren aber doch glücklich, dass die Familie zusammengeblieben war. Wir hatten überlebt, und das war Grund zur Dankbarkeit.

SIND SIE MUTTER THERESA?

Überrascht war ich, als es abends gegen halb acht an unserer Tür klingelte. Ein junger Mann stand davor. Ich bat ihn herein, und er legte mir sein Anliegen vor. „Ich suche einen jungen Burschen, so zwischen 25 und 30 Jahren alt, ein Meter fünfundsiebzig groß mit kurzen, dunkelbraunen Haaren. Er trägt einen weinroten Anorak und schwarze Jeans, die an beiden Knien Risse aufweisen. Wohnt dieser Kerl bei Ihnen?" Ich überlegte, aber mir fiel zunächst kein Name ein, der auf diese Personenbeschreibung passen könnte. „Was soll dieser Mann angestellt haben?", fragte ich zurück; denn ich merkte, dass er nicht gut auf ihn zu sprechen war.

„Am Montag war Jens, mit diesem Namen hat er sich mir vorgestellt, an unserer Haustür und fragte mich, ob ich ihm nicht zwanzig, Euro leihen könnte. Er habe sich aus seiner Wohnung ausgeschlossen und müsse nun den Schlüsseldienst kommen lassen, damit er ihm die Tür öffne. Die Firma verlange 20 Euro Vorkasse, und sein Portemonnaie sei in der Jackentasche, die an der Garderobe in der Wohnung hänge. Nun stünde er ohne einen Cent da. Natürlich gab ich Jens das Geld, denn ich weiß selbst, wie ärgerlich es ist, wenn man sich ausgesperrt hat. Zudem hat mir der junge Mann versprochen, dass er mir das Geld morgen zurückbringen würde. Aber nun sind schon vier Tage vergangen, und er ist noch nicht erschienen. Ich möchte mir nun gern das Geld holen, will ihn aber auch wegen dieses Trickbetrugs bei der Polizei anzeigen. Ich lasse es mir nicht gefallen, dass ein Gauner mich ausnimmt wie eine Weihnachtsgans."

Ich merkte dem Mann die Erregung an – sie war ja auch verständlich – und versuchte beruhigend auf ihn einzureden. „Diese Trickbetrüger müsste man alle wegsperren", schimpfte er lauthals. „Ich schufte mich als Bauer bis abends spät auf meinen Feldern ab, um meinen Betrieb aufrechtzuerhalten, und dann klingelt solch ein Loser an meiner Haustür und knöpft mir das Geld ab. Stehlen und Lügen versetzen mich in Rage. Können Sie den Langfinger mal heraufholen? Man hat mir einen Hinweis gegeben, er könnte bei Ihnen ein möbliertes Zimmer bewohnen."

Mein Mann ging an die Tür von Jens, aber er war nicht zu Hause. Darüber war ich eigentlich ganz froh, denn die Begegnung der beiden hätte zu lautstarken Auseinandersetzungen führen können. So etwas kann ich nur schlecht vertragen. Mich wunderte es, dass der Landwirt bei uns auf dem Sofa sitzen blieb und anfing, sich mit uns zu unterhalten. „Wie kommt es eigentlich, dass Sie solch einen Kerl bei sich wohnen lassen? Rausschmeißen müssten Sie ihn."

„Wissen Sie", erklärte ich ihm, „wenn Sie einem Menschen eine Wohnung vermieten, können Sie es ihm bei der ersten Begegnung nicht ansehen, ob er ehrlich ist oder ob er es mit der Wahrheit nicht so genau nimmt. Auf alle Fälle darf er anderen nicht das Geld aus der Tasche ziehen. Jens war obdachlos, als er an unsere Haustür klopfte. Es war draußen bitterkalt, und der erste Schnee war schon gefallen. Ich hätte ihm nicht einfach die Tür vor der Nase zuschlagen können, da doch gerade die beiden Zimmer mit Bad frei geworden waren. Jeder Mensch hat ein Anrecht darauf, ein Dach über dem Kopf zu haben, erst recht ein Obdachloser. Soll er denn im Wald erfrieren?"

„Hallo", unterbrach mich der junge Bauer, „sind Sie Mutter Theresa? Warum handeln Sie so sozial? Haben Sie noch mehr solcher Typen bei sich wohnen? Kann denn jeder an Ihre Tür klopfen, der ein warmes Bett braucht?"

Ein Lächeln überflog mein Gesicht. „Wissen Sie, als ich mit fünfzehn Jahren konfirmiert wurde, erhielt ich zur Einsegnung einen Spruch, der mir zunächst nicht gefallen hat. Ja, ich habe mich sogar darüber geärgert. Er lautete: ‚Was ihr getan habt einem meiner geringsten Brüder, das habt ihr mir getan, spricht Christus.' Ich dachte, das Wort von den geringsten Brüdern sei ein Missgriff des Pfarrers, und war bitter enttäuscht. Meine Schwester, die mit mir konfirmiert wurde, erhielt den Spruch aus dem Propheten Jeremia: ‚Ich habe dich je und je geliebt, darum habe ich dich zu mir gezogen aus lauter Güte.' Mit solch einem Bibelvers hätte ich mehr anfangen können. Er hätte mich erfreut und mir eine gute Spur für mein Leben gewiesen. Aber was sollte ich als Teenager mit den geringsten Brüdern anfangen? Mir wurde schon kurz danach bewusst, welche Bedeutung dieses göttliche Wort für mich hatte.

Im Nachbarort lebten zwei Mädchen, die beide blind waren. Der Pfarrer bat mich, sie zu besuchen und ihnen vorzulesen. Sie waren meine ersten ‚geringen Schwestern‘. Nun begriff ich, welch eine wichtige Aufgabe mir zugedacht war, und ich versuchte sie ernst zu nehmen. Aus diesem Grunde wohnen bei uns immer wieder Leute, die nur schwer vermittelbar sind und ein Obdach finden können. Meist sind sie durch harte Schicksalsschläge aus der Bahn geworfen worden. Einige von ihnen leiden auch unter psychischen Erkrankungen, und keiner will sie unter seinem Dach haben. Wir haben Mieter in unserem Haus, die hier ein Stück Heimat gefunden haben und nun schon mehr als 14 Jahre bei uns wohnen. Zwei von ihnen leben schon 27 Jahre in unserer Mitte. Für eine ältere Frau kaufen wir einmal in der Woche Lebensmittel ein, und ich wasche ihr die Wäsche. Wird einer von unseren Bewohnern krank und braucht ärztliche Hilfe, dann bringen wir ihn mit dem Auto zur Praxis oder in die Notaufnahme. Es sind lauter kleine Hilfsdienste an meinen ‚geringen Brüdern.'"

„Also bin ich doch bei Ihnen unter das Dach der Mutter Theresa geraten. Aber vielleicht ist es Ihnen möglich, Jens dazu zu bewegen, mir die 20 Euro zurückzubringen. Darauf bestehe ich, sonst müsste ich Anzeige erstatten." Dann erblickte mein Besucher einen Handzettel, der auf dem Tisch lag und der zur alljährlichen Weihnachtsfeier für Bedürftige und Einsame in unsere Gemeinde einlädt. „Sind Sie an der Heiligabendfeier etwa auch beteiligt? In den Schaufenstern lese ich jedes Jahr im Advent die Einladung zu diesem Fest in der Schwanallee."

„Ja, seit 46 Jahren organisieren mein Mann und ich mit einem wunderbaren Team diese Veranstaltung. Eine Reihe freiwilliger Helfer unterstützt uns, und wir haben etwa 120 bis 150 Gäste an unseren festlich geschmückten Tischen sitzen. Es macht einfach Spaß, mit so vielen Menschen den Geburtstag unseres Heilandes zu feiern, die vielleicht sonst allein und trübsinnig zu Hause säßen. Weihnachten ist ja eines der größten Feste in der Christenheit. Der Gottessohn verließ den Himmel, weil er Sehnsucht nach uns Menschen hatte, und hat uns mit seinem Kommen in diese Welt die größte Freude beschert. Dieses wunderbare Ereignis wollen wir mit anderen Menschen teilen. Jeder soll an Weihnachten froh werden, und aus diesem Grunde laden wir Alt und Jung dazu ein."

„Also dann sind Sie doch eine Mutter Theresa", trumpfte der junge Bauer auf.

„Nennen Sie mich, wie Sie wollen: Für mich gilt das Gebot Christi: Nehmt euch der Armen, Schwachen und Einsamen an und tut ihnen wohl! Aber nun gilt es ja noch, Ihr Problem zu lösen. Ich werde mit unserem Mieter freundlich, aber doch bestimmt reden. Wenn er es war, der Ihnen das Geld abgetrickst hat, soll er die 20 Euro zurückgeben, und im Gegenzug erstatten Sie keine Anzeige."

„Gut, damit bin ich einverstanden, und Sie melden sich dann bei mir." Mit diesen Worten verabschiedete sich der Bauer und meinte noch beim Hinausgehen: „Es ist schon etwas Besonderes, mit Mutter Theresa gesprochen zu haben."

Ich lächelte ihn an und drückte ihm fest die Hand.

Zwei Tage später, nachdem ich mit Jens

gesprochen und er die Bettelei und Lüge zugegeben hatte, schrieb ich dem Bauern einen Brief. Ich wählte eine wunderschöne Spruchkarte mit der Jahreslosung: „Lass dich nicht vom Bösen überwinden, sondern überwinde das Böse mit Gutem!" Damit schickte ich ihm auch das Geld zurück. Jens hatte bei einem Gespräch zugegeben, dass er sich die 20 Euro erschlichen hatte. Aber nun hatte er ja den Schaden wiedergutgemacht. Mich aber machte es froh, dass ich ein klein wenig in die Gestalt dieser tapferen Nonne hatte schlüpfen können.

GRÜSSE AUS DEM SPREEWALD

Bekümmert war ich heute Morgen. Mein Mann musste unseren kleinen Enkelsohn Emanuel in die Klinik bringen. Dort sollte er operiert werden. Mir tat das Kind leid. Er ist ja gerade erst vor Kurzem fünf Jahre alt geworden. In den vergangenen Monaten hatten ihm Fieberschübe oft zu schaffen gemacht, und nun sollten die Mandeln entfernt werden. Als Großmutter empfindet man den Schmerz eines Enkels besonders tief.

Doch der Kleine selbst munterte mich auf. „Weißt du, Lotta Oma, ich bete immer in meinem Morgengebet, dass ich einen guten Schlaftrunk vor der Operation erhalte." Damit meinte er die Narkose. Und da er noch nicht weiß, was da auf ihn zukommt, war er recht vergnügt, als er schon sehr früh ins Auto stieg. Er schaute zum Himmel und rief aus: „Opa, sieh nur die Sterne, sie leuchten hell und klar!"

Nun saß ich zu Hause und wartete auf

den Anruf, wie der Eingriff verlaufen war. So war meine Traurigkeit verständlich. Und dann klingelte das Telefon. Heute war ja auch mein Geburtstag. Der Anruf kam aus dem Spreewald. Eine alte Dame von 89 Jahren wollte mir gratulieren. „Frau Bormuth, kennen Sie mich denn nicht mehr? Ich hatte Ihnen beim Frauenfrühstück gegenübergesessen, als Sie vor vier Jahren bei uns in Pleiz waren." Ich musste im Stillen lachen und dachte: Liebe Frau, wenn du wüsstest, wie vielen Menschen ich in den letzten vier Jahren gegenübergesessen habe, dann würdest du verstehen, dass ich mich gar nicht an dich erinnern kann.

Ich habe viele Glückwünsche zu meinem Geburtstag erhalten, aber der Anruf aus dem Spreewald hat mich besonders gefreut. Durch ihn wurde die Erinnerung an die letzten Tage im Januar 1945 wieder lebendig. Wir befanden uns damals mit zwei offenen Kastenwagen auf der Flucht vor den russischen Panzern. Die ersten Wochen sind wir Tag und Nacht durchgefahren und haben nur manchmal kurze Rast gemacht, um die Pferde zu füttern und zu tränken. Wir Kinder blieben aber mit dicken Federbetten zugedeckt auf unserem Gefährt sitzen, denn dieser Winter war bitterkalt. Minus 20 Grad zeigte das Thermometer an. Zum Glück hatte meine Mutter ein Nachttöpfchen auf den Wagen stellen lassen; denn auf dem Fluchtweg hätte man nicht bei jeder Notdurft der Kinder die Pferde anhalten können, sonst wäre der lange Treck ins Stocken geraten. Es gab bei uns Flüchtlingen nur eine Devise: Fahren! Nur fahren! Ja nicht von der feindlichen Front überrannt werden! Das hätte für uns den Tod bedeutet. Als wir dann aber die Oder überquert hatten, war die Angst nicht mehr so bedrängend, und über Nacht fuhren wir mit unseren sechs Pferden auf einen Bauernhof. Meist fanden wir in Scheunen und Ställen eine Bleibe für unsere Tiere. So erreichten wir auch den Spreewald und wurden bei Sorben einquartiert. Die Dorfbewohner hatten uns deutschen Flüchtlingen gegenüber zunächst Vorbehalte, denn diese Volksgruppe wurde unter Hitler stark gedemütigt und unterdrückt, weil sie einem slawischen Stamm angehörte, der in der Lausitz angesiedelt war. Heute leben etwa 100 000 Menschen in dem Gebiet um Cottbus. Im Mittelalter hatten sie sich hier niedergelassen und waren mit dem Evangelium bekannt gemacht worden. Sie konnten aber ihr slawisches Volkstum und seine Eigenart bewahren, und noch heute sprechen viele von ihnen neben Deutsch auch Sorbisch. Auch uns gegenüber hegte der Bauer gewisse Vorbehalte, und unsere Unterbringung war nicht gerade zufriedenstellend. In einem Hühnerstall hatte er mehrere Bund Stroh zum Schlafen ausgebreitet. Der Geruch der vielen Hühner machte es uns schwer, zur Ruhe zu finden. Aber dann sprach mein Vater mit dieser Familie Russisch und die kulturellen Barrieren wurden somit abgebaut. Plötzlich gehörten wir zu ihnen und waren keine Nazis mehr. Die Familie lud uns in ihr Haus. Hier waren die Tische schon gedeckt, und wir wurden aufs Beste versorgt. Die herrlichsten Köstlichkeiten wurden hereingetragen: Eier, Wurst, Speck, Schinken und außerdem noch Kuchen und Stollen. An diesem Abend mitten in allem Kriegsgeschehen feierten wir sogar ein Fest. Die Töchter des Bauern zogen ihre wunderschönen Trachten an. Der Sohn holte seine Ziehharmonika hervor und spielte flotte Tanzmelodien. Wir sangen unsere etwas schwermütigen bessarabischen Lieder, und bevor wir zu unseren Betten geführt wurden, erklang unser Heimatlied, das wir mit bewegender Inbrunst sangen.

Gott segne dich, mein Heimatland,
ich grüß dich tausendmal,
dich Land, wo meine Wiege stand
durch meiner Väter Wahl.
Du Land, an allem Gut so reich,
ins Herz schloss ich dich ein,
ich bleib dir in der Liebe treu,
im Tode bin ich dein.
So schirme Gott in Freud und Leid
dich, unser Heimatland!
Bewahr der Felder Fruchtbarkeit
bis hin zum Schwarzmeerstrand.

Dann wurde uns die Tür zum Schlafzimmer geöffnet. Weiß bezogene Kissen und Federbetten erwarteten uns. In dieser Nacht schliefen wir nicht im Hühnerstall, sondern in geheizten Räumen in den Ehebetten unserer Gastgeber. Welch eine Wohltat wurde uns zuteil. Am anderen Morgen konnten wir uns gründlich waschen, ehe wir uns an den Frühstückstisch setzten. In diesem Quartier wären wir gerne noch länger geblieben, aber wir mussten weiter westwärts fahren. Bevor unsere Pferde lostrabten, reichte uns die Bäuerin noch einen großen Korb mit eingemachtem Obst, Brot, Wurst und einem großen Stück Schinken. Können Sie, meine lieben Leser, verstehen, wie warm es mir ums Herz wurde, als mich der Geburtstagsgruß aus dem Spreewald erreichte? Noch immer begleiten mich die Worte aus Psalm 103: „Lobe den Herrn, meine Seele, und vergiss nicht, was er dir Gutes getan hat." So feierte ich mein Jubelfest in inniger Freude.

Eine Stunde später erreichte mich auch der Telefonanruf meines Sohnes, dass die Operation von Emanuel ohne Komplikation verlaufen sei. Es sei wirklich höchste Zeit gewesen, dass die Mandeln entfernt wurden. Sie waren stark vereitert und hatten dem Kind viel Not bereitet. Solch gute Nachricht einer Heilung ist für eine Großmutter das schönste Geburtstagsgeschenk und erfüllt ihr Herz mit Lob und Dank.

Und noch eine nette Geschichte meines Enkels will ich erzählen. In der Zeit, als ihn wegen der vereiterten Mandeln das hohe Fieber plagte, konnte er nachts oft nicht schlafen. Er wälzte sich in seinen Kissen hin und her und war sehr unruhig. Da fragte ihn unser Sohn: „Na Emanuel, wie geht es dir? Kannst du gar nicht schlafen? Was machst du denn so?"

„Papa, ich unterhalte mich mit dem lieben Gott."

„Und was sagst du ihm so?"

„Na, ich erzähle ihm, dass ich ihn sehr lieb habe und dass er mich liebt. Und dann sage ich ihm noch, dass Jesus mein bester Freund ist."

„Ja, mein Schatz, das ist recht so, aber vielleicht kannst du jetzt doch deine Äuglein schließen und etwas Schönes träumen."

„Ja, Papa, wenn das immer so leicht wäre, aber ich will es versuchen."

Nun war der Junge operiert, und wir alle hofften, dass diese schlimmen Fieberschübe ab jetzt ausblieben. Die Zeit im Krankenhaus war für unseren Liebling eine reiche Zeit. Öfter wurde er vom Pförtner übers Telefon gerufen, er möge sich Post abholen. Manchmal war sogar ein Paket von seiner anderen Oma und von seiner Patentante angekommen. Über Besuch freute er sich immer sehr. Eigentlich hatte er erwartet, dass ich ihn auch besuche. Aber unser Sohn erzählte ihm: „Weißt du, Emanuel, heute kann deine Oma Lotte nicht kommen. Sie feiert ihren Geburtstag. Und dann ist sie auch noch krank geworden."

„Und wie alt wird sie denn?"

„77 Jahre. Aber übermorgen will sie zu dir kommen. Und dann bringt sie dir noch ein schönes Geschenk mit. Das hat sie mir schon verraten."

„Gut, dann soll sie eben übermorgen zu mir kommen, wenn sie dann noch lebt."

Als mir unser Sohn diese nette Begebenheit berichtete, musste ich natürlich schmunzeln. Aber ich verstand, dass für einen Fünfjährigen 77 Jahre sehr, sehr alt sind und dass er richtig überlegt hat, die Oma könnte ja schon sterben.

Heute war Emanuel zu seiner Nachuntersuchung in der Klinik und musste sich bei seinem Doktor vorstellen. Bei der Begrüßung drückte er ihm ganz fest die Hand: „Du bist der beste Arzt in der ganzen Welt", lobte er Dr. Rausch. Solche Worte erfreuen natürlich auch einen Arzt.

HEILIGABENDFEIER FÜR EINSAME UND BEDÜRFTIGE

Mein Mann war gerade unterwegs, um in der Stadt Plakate aufzuhängen. Sie sollten die Menschen auf unser Fest am Weihnachtsabend aufmerksam machen. Jedes Jahr laden wir Alt und Jung, Flüchtlinge und Asylanten, Einsame und Bekümmerte in unseren Gemeindesaal ein, um die Geburt Jesu Christi miteinander zu begehen. Es gibt viele, die mit diesem Fest kaum etwas anzufangen wissen. Vor allem ihnen gilt die Botschaft: „Euch ist heute der Heiland geboren." Weihnachten ist ja das größte Weltereignis in der Geschichte der Menschheit. Gott selber lädt uns zur Geburtstagsfeier seines Sohnes ein, und wir dürfen andere mitbringen, die vielleicht noch gar nichts von der Existenz Jesu Christi wissen. So stand mein Mann vor der Stadthalle und fragte die Dame an der Rezeption, ob er ein Plakat aufhängen dürfe.

„Leider geht das bei uns nicht", antwortete

ihm die Angestellte vom Theater. „Wir brauchen den Platz für die Ankündigungen unserer eigenen Veranstaltungen." Als mein Mann weitergehen wollte, rief sie ihm noch zu: „Darf ich einmal sehen, wozu Sie einladen?"

Mein Mann reichte ihr ein Plakat, und sie las, was darauf angekündigt wurde. „O, das ist aber eine interessante Feier. Es freut mich, dass jeder in unserer Stadt dazu eingeladen ist. Darf ich denn auch kommen? Ich würde gerne auch mithelfen. Ist das möglich?"

„Aber ja", ermutigte sie mein Mann. „Kommen Sie nur. Ich finde es bewundernswert, dass Sie uns sogar helfen wollen. Wir brauchen jede liebevolle, fleißige Hand."

Und dann erschien Frau Höfer, so will ich sie hier nennen. Chic sah sie in ihrem kurzen, schwarzen Kleid aus, das ihre Knie umspielte. Sie griff auch gleich fröhlich in der Küche zu, füllte den Kartoffelsalat in die Schüsseln und verzierte ihn mit Eiern, Tomaten, kleinen Gürkchen und Petersilie. Als dann unsere ersten Gäste erschienen, führte sie sie an die Tische und bediente sie höflich. Ich bewunderte sie, mit welcher Eleganz und Leichtigkeit sie durch die Reihen schritt. Man merkte ihr an, dass sie vom

Theater kam. Bis zum Schluss blieb sie in unserer Mitte und scheute sich auch nicht, nach Abschluss unserer Feier einen Besen in die Hand zu nehmen und den Saal wieder für den Gottesdienst am nächsten Morgen herzurichten. Gegen Mitternacht verabschiedeten wir uns, und ich dankte ihr herzlich für ihren Einsatz.

Wieder war nun ein Jahr vergangen, und ich saß in der Küche und richtete den Kartoffelsalat für unsere diesjährige Weihnachtsfeier. Plötzlich klingelte das Telefon: „Hier ist Andrea Höfer. Ich weiß noch nicht, ob ich heute Abend zu Ihnen kommen kann. Wie gerne würde ich Ihnen wieder helfen. Aber draußen schneit es, und die Flocken fallen so dicht, dass man kaum die Hand vor den Augen sehen kann. Die Straßenverhältnisse sind schlecht, und ob ich mit meinem Auto aus der Garage komme, ist sehr fraglich. Immerhin sind es fast 25 Kilometer von meiner Wohnung bis Marburg. Wie war es doch im vergangenen Jahr so schön bei Ihnen. Besonders hat mich die Ansprache über die Geburt Christi im Innersten bewegt. Solch eine Botschaft, wie Sie sie an die Gäste richteten, war mir bisher fremd. Ich habe mir die Verkündigung über das Kommen Jesu in unsere Welt sehr gut gemerkt. Sie war mir im letzten Jahr Trost und Hilfe. Viel Schweres und Unbegreifliches stürmte auf mich ein, aber die Ermutigung, dass Jesus mein Erlöser und bester Freund sein will, hat mich durch diese notvollen Tage getragen. Wenn ich heute Abend nicht kommen kann, werde ich Sie nach Weihnachten anrufen. Ich muss unbedingt noch mal mit Ihnen sprechen. Aber nun will ich Sie nicht länger aufhalten, Sie haben gewiss alle Hände voll zu tun. Vielleicht lässt der Schneesturm auch nach, und dann werde ich es wagen, mich ans Steuer zu setzen."

Natürlich waren mein Mann und ich auch sehr besorgt, wie es am Abend mit dem Fahren werden sollte. Würden unsere Gäste bei so stürmischem Wetter überhaupt kommen? So haben wir unsere Hände gefaltet und anhaltend zu Gott gerufen. Und wirklich, so gegen 11 Uhr war es, als verriegele Gott den Himmel, und keine einzige Schneeflocke tänzelte mehr auf die Erde. Noch einmal fuhr der Streuwagen durch die Straßen der Stadt und schob den Schnee beiseite. Wir hatten nun beste Fahrbedingungen und atmeten befreit auf. Unsere Veranstaltung am

Abend war gerettet. Wir konnten nun damit rechnen, dass sich die Gäste nicht vom Wetter abhalten ließen, und so war es auch.

Der Saal füllte sich schon eineinhalb Stunden vor Beginn. Überall mussten wir noch zusätzliche Stühle an den Tischen einfügen. Mit jedem Gast, den ich begrüßen konnte, hätte ich am liebsten laut ein Halleluja zum Himmel aufsteigen lassen. Wir erlebten gesegnete Stunden unter der Botschaft der Heiligen Nacht, und Jesus war als der liebste Gast in unserer Mitte und bewegte die Herzen. Die Augen unserer Besucher strahlten, als wir mit klarer und lauter Stimme sangen: „O du fröhliche, o du selige, gnadenbringende Weihnachtszeit." Auch Frau Höfer war wieder gekommen und blieb bis gegen Mitternacht, um noch beim Aufräumen zu helfen. „Es war einfach wunderbar", drückte mir unsere tapfere Mitarbeiterin die Hand, „dass ich wieder in Ihrer Mitte sein konnte. So langsam lüftet sich in meinem Innern das Geheimnis um Jesus Christus. Früher war er mir unbekannt. Gewiss, ich hatte von ihm gehört, aber dass wir Menschen eine innige Beziehung zu ihm aufbauen können, war mir nicht bewusst. Aber nun gibt mir Jesus neue Hoffnung. In meinen Bedrängnissen steht er mir als guter Freund zur Seite. Immer mehr begreife ich, wie sehr ich ihn nötig habe. Danke, Frau Bormuth, dass ich zu Ihrem Weihnachtsfest kommen konnte. Mir ist wirklich ein neues, helles Licht in meinem Leben aufgegangen."

Und noch zwei Stimmen möchte ich aus unserem Besucherkreis anführen. Da kam eine Krankenschwester auf mich zu. Sie war mit ihrer schwerstbehinderten Patientin gekommen, die sie fast rund um die Uhr betreut. Ich hatte für die beiden noch einen guten Platz in unserer Mitte ausgemacht. Die junge Frau saß im Rollstuhl, konnte kaum ein Glied bewegen, war aber sonst geistig ganz rege. „Darf ich Ihnen noch einen Geldschein für Ihre Kaffeekasse geben? Wir sind nun schon mehrere Jahre Ihre Gäste. Corinna fühlt sich jedes Mal wohl in Ihrer Mitte. Es herrscht so eine wohltuende, warmherzige Atmosphäre in Ihrem Saal. Meine Betreute kann es manchmal gar nicht abwarten, bis es Weihnachten ist. Ich möchte Ihnen einfach danke sagen." Gerne nehme ich das Lob an und gebe es an Gott weiter, der als der Beschenkende in unserer Mitte ist.

Nach Schluss der Veranstaltung werden alle Gäste nach Hause gefahren. Unser Sohn hilft uns jedes Jahr dabei und stellt sein Auto zur Verfügung. Eine ältere Dame fragte mich, ob sie denn auch gefahren werden könnte. Sie komme aber aus einem Dorf, das etwa 30 Kilometer entfernt ist. Johannes übernahm diese Aufgabe. Als die Dame dann vor ihrem Haus aussteigen wollte, drückte sie unserem Sohn einen Zwanzigeuroschein in die Hand. Johannes wollte dieses Geld nicht annehmen, aber die Dame bestand darauf. „Sie haben doch viele Unkosten, um ein solches Fest zu bestreiten, außerdem ist das Benzin in diesem Jahr auch nicht gerade billig. Nehmen Sie nur das Geld. Ich gehöre eigentlich nicht zu den Bedürftigen. Finanziell geht es mir gut. Aber vor zwei Jahren ist mein Mann verstorben. Mein Sohn ist als Soldat in Afghanistan eingesetzt. Sie können sich vorstellen, wie traurig der Heiligabend für mich verlaufen wäre, wenn ich allein unter dem Tannenbaum gesessen hätte. Vielen Dank, dass Sie solch ein schönes Fest veranstalten. Grüßen Sie noch Ihre Mutter und richten Sie auch an sie meinen Dank aus." Bei diesen Worten stieg die Dame aus dem Auto.

LAUTER KLEINE KARTOFFELN

Frau Bürger kenne ich nun schon mindestens seit sechs Jahren. Nach dem so plötzlichen Tod ihres Mannes war sie verzweifelt. Mit erst 56 Jahren hatte er einen Herzinfarkt erlitten. So klagte sie mir am Telefon: „Wir haben einen großen landwirtschaftlichen Betrieb mit etwa 500 Morgen Land. Wie soll es jetzt weitergehen? Mein Sohn muss nun die Verantwortung für unser Gut übernehmen. Er hat eine landwirtschaftliche Lehre absolviert und danach als Praktikant auf mehreren großen Gütern gearbeitet. Nun aber muss er in die Lücke einspringen, die der Vater hinterlassen hat, und er ist dazu bereit. Seine gute Ausbildung befähigt ihn auch dazu. Aber etwas mulmig ist ihm doch zumute. Ihm fehlt noch ein gewisses Maß an Erfahrung. Es ist zum Staunen, wie tapfer er seine neue Herausforderung annimmt. So überleben wir unsere schwierige Lage recht gut.

Doch in diesem Jahr ergaben sich größere Ernteausfälle. Das kann zu einer Katastrophe für einen Betrieb werden. Im Juni war der Regen ausgeblieben, und diese Trockenperiode hatte besonders den Hackfrüchten geschadet. Die Kartoffeln waren so klein geblieben, dass sie kein Großhändler kaufen wollte. Gerade in diesem Jahr hatte mein Sohn den Anbau von Weißkohl eingeschränkt und stattdessen Kartoffeln gepflanzt. Und nun erlebten wir ein solches Fiasko. Auch wenn er sich noch so sehr bemühte, Abnehmer zu finden, keiner wollte ihm die Kartoffeln abkaufen. Höchstens als Viehfutter könnte er sie noch loswerden. Die beiden Hallen, die er auf dem Hof gebaut hat, waren bis obenauf gefüllt."

Ich versuchte, Frau Bürger zu trösten, so gut ich es vermochte, aber es gelang mir nicht. Was hätte ich auch zu diesem Problem sagen sollen?

„Ahnen Sie, Frau Bormuth, wie sich mein Sohn fühlt, wenn er hundert Morgen Land gepflügt, geeggt und bepflanzt hat und nun keinen Ertrag erzielen kann? Ich könnte heulen, wenn ich die Berge von diesem kleinen Kruppzeug auf unserem Gut sehe."

Mir kamen auch Zweifel, ob denn in solch

einer Situation das Beten etwas nützen würde, aber ich wollte Gott dieses Dilemma doch vortragen.

Zwei Monate später rief mich Frau Bürger wieder an. Ihre Stimme klang so fröhlich und verheißungsvoll. „Frau Bormuth, ein Wunder ist geschehen. Anders kann ich unsere Situation gar nicht nennen. Durch die schlechte Ernte im Herbst war der Ertrag bei den Kartoffeln um die Hälfte geringer als sonst. Auf dem Markt herrschte deswegen große Knappheit an Speisekartoffeln. Nun wurden sogar die kleinen Kartoffeln als Salatkartoffeln aufgekauft. Der Preis war außergewöhnlich hoch. Die Lastwagen mit ihren Anhängern fuhren auf den Hof und luden sie voll. Bis nach Stuttgart, Heilbronn, ja sogar bis München wurden sie geliefert. Sonst musste sie mein Sohn selbst mit seinen Lastwagen 100 Kilometer weit bringen. Das kostete viel Zeit und auch teuren Treibstoff. Mein Sohn sagte mir: ‚Mutter, nun kann ich von diesem erzielten Gewinn alle Schulden abbezahlen, die durch den Bau der Lagerhallen entstanden sind.' Für mich ist dies ein Wunder. Wie klug war es auch von meinem Sohn, dass er seine Kartoffelernte nicht einfach zum Billigpreis verschleudert hat, sondern warten konnte. Beten, Frau Bormuth, hat doch geholfen. Nun kann ich Gott nur von Herzen danken. Er meint es wirklich gut mit uns."

Mir kam das Bibelwort in den Sinn: „Die Güte des Herrn hat kein Ende. Sie ist alle Morgen neu." Darüber wurde mein Herz froh.

EIN BESONDERER
GEBURTSTAGSGRUSS

Schon recht früh am Morgen rief Frau Springer an und wollte mir zu meinem Geburtstag gratulieren. Darüber war ich sehr überrascht, denn mir war meine Gratulantin persönlich nicht bekannt. Ich weiß nur von ihr, dass sie von der kleinen Rente, die sie monatlich erhält, immer wieder etwas abzwackt und sich ein Buch von mir kauft. Eine Freundin aus ihrer Gemeinde hatte ihr einmal eines zu Weihnachten geschenkt. Es stammte aus meiner Feder, und sie hat es gerne gelesen. Darin habe ich über mein Leben berichtet. Vieles verbindet mich mit ihrem Schicksal. Frau Springer stammt auch aus der Ukraine, und ihr Leben ist höchst dramatisch verlaufen. Als Kind musste sie mit Vater, Mutter und ihren Geschwistern den Bauernhof verlassen. Im Gebiet der Wolga fand die Familie eine neue Bleibe, ohne dass sie für den Verlust von Hof und Acker irgendwie entschädigt wurde. Als die deutschen Soldaten näher rückten, wurden die Russlanddeutschen bis weit in den Osten gebracht, weil Stalin fürchtete, sie könnten sich mit der deutschen Armee verbrüdern und dann gegen Russland kämpfen. Es war für diesen Volksstamm eine bedrohliche Situation. Zunächst schufen sie sich in Erdlöchern eine Behausung, und der eiskalte sibirische Winter hätte sie fast das Leben gekostet. Ernährt haben sie sich vor allen Dingen von Kraut, Kartoffeln und Mais.

Am meisten litten die Menschen unter dem Verbot ihres christlichen Glaubens. Gottesdienste wurden ihnen untersagt, und Bibeln waren für die Kommunisten suspekt. Wurde entdeckt, dass sich die Familien zu Andachten versammelten, in denen die Heilige Schrift ausgelegt wurde, dann wurden die Männer von der Miliz abgeholt und weit in ein anderes Gebiet nach Sibirien verfrachtet. Es erfolgte ein Urteilsspruch, und diese Vergehen wurden mit Strafen von bis zu 25 Jahren Haft geahndet. Viele haben diese Tortur in den Arbeitslagern nicht überlebt.

Immer wieder bestellte sich Frau Springer ein Buch von mir und in diesen meist längeren Telefonaten erzählte sie mir von ihrem Erleben. Auch mein Lebensweg war oft von

Not gezeichnet, aber gemessen am Leiden dieser russlanddeutschen Christin war mein Schicksal um einiges leichter. Die Schwere der Verfolgung habe ich nicht durchmachen müssen. Frau Springer ist eine gläubige Christin und hatte nur eine heiße Bitte zu Gott, dass doch auch ihre Tochter den Weg zu Jesus finden möchte. Und auch heute geschehen noch Zeichen und Wunder, und in der letzten Woche durfte sie eine wunderbare Erfahrung machen. Diese Geschichte wollte sie mir nicht vorenthalten. So erzählte sie: „ Schon vor der Geburt von Olga habe ich für dieses Kind gebetet, dass es gesund zur Welt kommen und früh die Verbindung mit Jesus suchen möchte. Aber Jahr um Jahr zog ins Land, ohne dass Olga diesen Schritt über die Linie gewagt hätte. Sie lebte in der ‚Welt‘, wie ich ihre Gottlosigkeit benennen möchte, und suchte in oberflächlichen Vergnügungen ihren Lebensdurst zu stillen. Auch Viktor, den sie mit 21 Jahren heiratete, besuchte keinen Gottesdienst. Noch nicht einmal ein Tischgebet wurde zu den Mahlzeiten gesprochen. Mir tat diese Haltung meiner Kinder sehr weh, und nach einem Besuch bei ihnen kehrte ich meist recht bekümmert in meine

Wohnung zurück. Angst überfiel mich. Sollten meine Tochter und der Schwiegersohn auf ewig verloren sein? Täglich fiel ich am Morgen auf die Knie und betete oft unter Tränen zu Gott für die Rettung meiner Lieben. Ludmilla, meine Älteste, bekehrte sich bei einer Evangelisation, als wir schon in Deutschland waren, aber um Olga und Viktor bangte ich weiter. Krankenschwester war sie geworden, und in ihrem Beruf brachte man ihr viel Vertrauen entgegen.

Eines Tages schenkte ihr eine Freundin das Buch von Wilhelm Busch „Jesus unser Schicksal". Sie hat es bewegten Herzens gelesen und entschloss sich, wieder die Gottesdienste der russlanddeutschen Gemeinde zu besuchen. Das Wort von Gott wirkte an ihrem Herzen. Als der Pastor an einem Sonntag nach seiner Predigt aufrief, alle, die Christus nachfolgen wollten, möchten doch bitte nach vorne vor den Altar treten, da war auch Olga zu diesem Schritt bereit. Es war für sie ein langer Weg bis zu den Stufen des Altars, und manchmal dachte ich, sie könnte es nicht schaffen, diese Lebensübergabe an Jesus zu vollziehen. Der Teufel wollte sie mit aller Macht abhalten, eine Entscheidung für

Christus zu fällen. Unter Tränen wurde sie bereit, ihrem alten Leben abzusagen. Sie war in die Buße gekommen, wie wir die Wirkung des Heiligen Geistes in unseren Gemeinden nennen.

Noch am gleichen Tag rief sie mich an: ‚Mama, ich komme jetzt zu dir. Ich habe dir etwas Wichtiges zu sagen. Ich will jetzt auch zu Jesus gehören.‘ Hatte ich recht gehört, oder träumte ich? War jetzt der Augenblick gekommen, dass Gott mein inniges Gebet erhört hatte? Ich wurde in meinem Herzen tief berührt. Eine Stunde später klingelte Olga an meiner Tür. Tränenüberströmt fielen wir uns in die Arme, knieten nieder und beteten Gott an. Es gibt kein größeres Geschenk für uns Menschen, als dass wir bei unserem himmlischen Vater Heimat finden können. Mein Ringen um meine Tochter war zum Ziel gelangt. Jetzt habe ich nur noch einen Wunsch, dass meine beiden Schwiegersöhne auch zu Jesus finden. Es gibt ein altes Lied, das ich heute noch gerne singe und das mich ermutigt, Menschen zu Jesus zu führen:

Suche vom Grabesrand Seelen zu retten!
Nimm der Verlornen in Liebe dich an!
Reiche die Bruderhand, löse die Ketten,
führe Verirrte zu Jesus hinan!
Du, der einst Rettung fand, eile zu retten!
Jesus hat alles für alle getan.

Scheint diese Pflicht dir schwer, nimm die Beschwerden!
Jesus gibt Kraft dir, o denke daran!
Rufe noch manche her, gläubig zu werden,
treu ihrem Heiland zu folgen fortan,
dass man je mehr und mehr rühme auf Erden:
Jesus hat alles für alle getan.

ICH BIN DIE TOCHTER EINES MÖRDERS

Es war eine unruhige Nacht. Ich konnte nicht einschlafen. Da ich keine Pillen nehmen will, stehe ich in solchen Situationen immer auf, gehe ins Wohnzimmer, greife nach einem Buch, schreibe ein paar Seiten an meinem neuesten Manuskript oder schalte den Fernsehapparat an. Wie gut, dass ich dieses Mal beim Bayerischen Fernsehkanal landete. Eine Familiengeschichte stand auf dem Programm, und sie hat mich bis ins Mark getroffen. Monika Hertwig erzählt:

Das Verhältnis zu meiner Mutter war schon von jeher sehr gespalten. Sie hat mich nie recht angenommen. So hat sie mir auch verboten, sie Mutti oder Mama zu nennen. Ruth sollte ich zu ihr sagen. Es gab viele Auseinandersetzungen mit ihr und ich kann mich auch nicht erinnern, dass sie mich jemals in den Arm genommen oder mir einen Kuss gegeben hätte. Auch ein ermutigendes, liebendes Wort kam ihr fast nie über die Lippen. Im Grunde war sie ein verbitterter Mensch.

An einem heißen Sommertag spitzte sich die Lage zu. Ich wollte unbedingt mit einer Freundin zum Schwimmen gehen. Sie aber bestand darauf, dass ich erst meine Aufgaben erledigen sollte. Ein böses Wort gab das andere, wir schrien uns immer lauter gegenseitig an, und schließlich sagte sie in barschem Ton: „Du bist so störrisch wie dein Vater und wirst auch einmal so enden wie er." Ich wurde stutzig. Was meinte sie damit? Mir wurde doch immer erzählt, Papa sei im Krieg gefallen. Irgendetwas stimmte nicht an dieser Aussage. Das ließ mich nicht mehr in Ruhe, und ich fing an, darüber zu grübeln.

So ging ich zu meiner Großmutter. Sie war mir das Liebste, was ich hatte. Bei ihr fand ich immer ein offenes Ohr und ein verständnisvolles Eingehen auf meine Fragen. Ich war damals etwa 14 Jahre alt, und deshalb war Oma der Ansicht, ich müsste die Wahrheit über meinen Vater erfahren. Längst hätte ich ja geahnt, dass es in unserer Familie ein dunkles Geheimnis gab.

„Monika", begann sie das Gespräch, „dein Papa ist nicht an der Front verwundet worden und dann an seinen Verletzungen verblutet. Er wurde von den Polen gehenkt."

Ihre Antwort verschlug mir den Atem. Mein Vater hat an einem Galgen gehangen? Nun wollte ich mehr über das Leben meines Vaters wissen. Stück um Stück erfuhr ich seine Geschichte. Mein Vater war ehemaliger KZ-Kommandant. Ich habe Amon Göth nie kennengelernt. Sogar sein richtiger Name war mir bisher verheimlicht worden. Als hoher SS-Offizier entschied er über Leben und Tod von vielen Häftlingen. Das Konzentrationslager Plaszow lag etwas südöstlich von Krakau. Es war als besonders unmenschlich und sadistisch verrufen. Amon Göth war für die Ermordung von tausenden Juden und anderen Strafgefangenen verantwortlich. Als der Zweite Weltkrieg verloren war, wurde er von den Polen vor Gericht gestellt und 1946 zum Tode durch den Strang verurteilt. Seine Hinrichtung wurde sogar gefilmt und war schrecklich grausam. Zweimal scheiterte der Versuch ihn aufzuhängen, weil der Strick verrutscht war. Erst beim dritten Mal erfolgte sein Tod.

Damals war ich noch nicht einmal ein Jahr alt. Lange habe ich nicht gewusst, dass dieser KZ-Kommandant mein Vater war. Später habe ich mir dann den Film „Schindlers Liste" angeschaut. Das war für mich eine grausige Geschichte. Ich musste mehrmals den Kinosaal verlassen, denn ich war geschockt von dem, was ich da sah. Die Bilder ließen mich nicht mehr los. Dieser Mann, der zum tausendfachen Mörder geworden war, war also mein Vater. Wie sollte ich mit einer solchen Wahrheit leben? Ich litt sehr unter diesen schrecklichen Ereignissen und wurde bereit, mich mit diesen Verbrechen auseinanderzusetzen; denn es war ja mein Vater, der für den Tod von vielen Menschen verantwortlich war.

So beschloss ich, Kontakt zu der Holocaust-Überlebenden Helen Jonas-Rosenzweig aufzunehmen. Als junges Mädchen musste sie zwei Jahre lang als Haushaltshilfe in unserer Familie arbeiten. Schlimmer als eine Sklavin wurde sie gehalten. Inzwischen waren aber mehr als sechzig Jahre ins Land gegangen. Wie würde sich die Begegnung mit Helen gestalten? Würde sie mich überhaupt zu einem Gespräch empfangen? Ich machte ihre Adresse ausfindig und schrieb ihr in kurzen, bewegenden Sätzen, dass ich sie gerne treffen möchte. Würde sie meiner Bitte nachkommen? Schließlich war es mein Vater, der zum Mörder ihrer Familie geworden war. Ich zitterte und bangte und konnte es kaum abwarten, bis ich ihre Antwort in Händen hielt. Auch als ich wusste, dass Helen sich mit mir in Polen treffen wollte, konnte ich mir nicht vorstellen, wie unsere erste Begegnung verlaufen würde.

So flogen wir beide von Amerika, wo wir unser neues Zuhause gefunden hatten, nach Krakau. Helen hatte vorgeschlagen, dass wir uns am Mahnmal für die getöteten Juden zum ersten Mal sehen sollten. Helen Rosenzweig stand mit einer Kerze in der Hand an diesem Gedenkstein. Unter Tränen entzündete sie den Docht. Angesichts des KZs, das ganz in der Nähe lag, wurden viele schreckliche Erinnerungen in ihr wach. Hier an dieser Stelle trug sie Leid um Vater und Mutter und um noch viele andere Verwandte und Freunde.

Ich ließ ihr Zeit, viel Zeit sogar, bis ich mich langsamen Schrittes zu ihr hinwagte. Wir reichten uns die Hand, und ich konnte gut begreifen, dass es keine herzliche Begrüßung war, denn vor ihr stand die Tochter ihres Peinigers und Mörders all ihrer Lieben. Viele Worte kamen uns nicht über die

Lippen. Zu tief war bei ihr der Schmerz des Erinnerns und bei mir die Scham und das Schuldeingeständnis.

Warum musste ich nur solch einen Vater haben? Wie konnte es zu dieser verbrecherischen Entwicklung in seinem Leben kommen? Über tausend Tote waren ihm zuzurechnen. In dieser Situation fühlte ich mich schrecklich elend. Aber ich war nun bereit, mich der Tatsache zu stellen. Entschuldigen konnte ich nichts und an irgendeine Wiedergutmachung war nicht zu denken. Aber ich wollte nichts verdrängen, sondern dem Unbegreiflichen ins Angesicht schauen. Kein Mensch würde mich in meiner misslichen Lage und Verzweiflung verstehen können.

Schließlich sagte Helen zu mir: „Lass uns in die Villa gehen, sie steht nur wenige Meter vom Lager entfernt." Wir gingen auf das Gebäude zu. Helen öffnete die schwere Tür. „Sieh nur, Monika, das Holz trägt noch die gleiche Farbe wie früher, und ihr Knarren klingt mir heute noch in den Ohren. Das Haus steht so da wie zu meiner Zeit, nur der Zahn der Zeit hat seine Spuren hinterlassen. Hier in der Villa habe ich zwei Jahre zugebracht und entsetzlich gelitten. Ich wurde geschlagen und habe viele Tränen vergossen. Meine Familie wohnte früher in einer anderen Gegend von Polen. Aber als die Deutschen mein Land besiegt hatten, wurden wir Juden aufgefordert, uns an einer bestimmten Stelle einzufinden. Wir ahnten nicht, dass wir in ein KZ kommen würden, und hofften, nachdem wir hinter die Mauern Krakaus gebracht worden waren, dass wir diese Stadt bald wieder verlassen könnten. Aber das war ein Trugschluss.

Beim Einzug ins Lager mussten wir uns in langen Reihen aufstellen, und dann wurden Alte und Kranke auf eine Seite aussortiert und wir Jungen und Gesunden auf die andere. Ich gehörte zu den Letztgenannten, war gesund und wurde zur Arbeit eingeteilt. Im Lager musste ich putzen. Eines Tages erschien der Kommandant, sah mich Vierzehnjährige und sagte nur: „Du kommst mit mir!"

Mit dieser Entscheidung waren für mich die Würfel gefallen. Qual, Demütigungen, Schläge und Angst waren die Folge. Ich erinnere mich genau. Meine erste Aufgabe in der Villa des Kommandanten bestand darin, sein Hemd zu bügeln. Aber ich hatte zuvor noch nie ein Bügeleisen in der Hand gehabt. Auch wenn ich mich mächtig anstrengte, es wollte mir nichts gelingen.

Dein Vater sah mein Unvermögen und stieß mit aller Gewalt seine Faust in mein Gesicht. Ich begann zu weinen. Meine Tränen waren ihm zuwider, und schon landete er den zweiten Faustschlag auf meiner Backe.

Deine Mutter stand neben ihm und sagte kein einziges Wort. Mein Leid bekümmerte sie anscheinend nicht. Sie war eine Frau, die das luxuriöse Leben in der Villa mit all seinen Vorteilen genoss. Alles war in der Küche und in den Vorratskellern zu finden, obwohl die Bevölkerung unter den Kriegseinwirkungen Hunger litt. Dort standen auf den Regalen Wein, Fleisch, Butter, Zucker, Mehl und alles, was man sich nur an Köstlichkeiten wünschen konnte, in Hülle und Fülle. Deine Mutter führte ein recht bequemes Leben. Am liebsten saß sie auf der Veranda im Liegestuhl und legte sich Gesichtsmasken von Eiern und Gurken auf die Haut. Sie trug teure Kleider und machte von Kopf bis Fuß einen gepflegten Eindruck. Die Hausarbeit verrichteten wir zwei Mädchen aus dem KZ. Nie durften wir vor die Haustür treten. Wir waren eingesperrt. Ein ungehorsamer Schritt nach draußen hätte uns den Tod durch Erschießen gebracht.

Neben der Küche war eine kleine Kammer. Darin fand ich meine Bleibe. Entsetzlich war es für mich, dass über meiner Schlafstätte das Wohnzimmer der Familie Göth lag. Noch heute erschrecken mich die festen Schritte dieses Kommandanten, wenn er so gegen sechs Uhr früh hin und her lief. Da fing bei mir das Zittern an, ob denn diese Bestie von Mensch auch zu mir herunterkommen würde, um mich brutal zusammenzuschlagen.

Einen Grund dafür hatte er immer zur Hand. Wenn dann das Unheil an mir vorübergegangen war, quälte mich der grausige Gedanke: Wen würde der Kommandant heute erschießen? Jedes Mal zuckte ich in der Küche zusammen, wenn draußen Schüsse durch die Gegend hallten. Nicht weit von der Villa befand sich der große Platz, auf dem die Menschen zusammengetrieben wurden und auf ihren Tod warten mussten. Ich wusste genau, dass auch meine Verwandten und Freunde zu diesem Todesritual antreten mussten. Amon Göth war nicht nur ein Nazi, sondern auch wohl der schlimmste Judenhasser. Nur wenige haben das Vernichtungslager überleben können. Für die, die diesem Schicksal entrinnen konnten, fing das Trauma nach ihrer Befreiung durch die Amerikaner erst recht an. Sie mussten die Schwere ihres Leids als Bürde mit in die Freiheit nehmen, und nicht wenige von ihnen bezahlten die Erinnerung an Plaszow mit einem Suizid.

Mein Chef besaß zwei große Hunde: Rolf und Ralph. Sie waren von ihm zum Töten abgerichtet worden. Mein ganzes Leben werde ich wohl die Bilder nicht mehr aus meinem Gedächtnis loswerden können, wenn nach einem Fluchtversuch die Bestien auf die Häftlinge gehetzt wurden und ich Zeuge wurde, wie sie die Menschen vor meinen Augen zerfleischten.

Monika, ich will hier aufhören und nicht mehr über die Gräueltaten reden. Es waren zwei Jahre, die ich in Angst und Schrecken zugebracht habe. Dann wurde dein Vater eines Tages von Polizisten abgeholt. Es war ruchbar geworden, dass er sich am Eigentum der Gefangenen bereichert hätte. Er wurde vor ein deutsches Gericht gestellt und dafür bestraft. Für mich aber kam die

Erlösung. Herr Schindler, der durch den Film „Schindlers Liste" bekannt geworden ist, kam eines Tages in die Villa und forderte mich als Arbeitskraft für seine Fabrik. Ihn hatte ich schon von früheren Besuchen in diesem Hause kennengelernt. Er hielt guten Kontakt zum Kommandanten und hat es durch seine diplomatische Taktik verstanden, etwa tausend Juden aus dem Todeslager in seine Fabrik zu holen. Er begründete seine Forderung damit, dass er für die Kriegsrüstung Arbeitskräfte brauchte. In dieser Zeit war er der beste Freund und Helfer für diese geschundenen Menschen geworden und wurde auch mein Retter.

Monika, aber nun will ich mich wieder auf den Weg machen, ich habe dir genug erzählt. Es war gut, dass wir uns hier begegnet sind. Freundinnen werden wir wohl nicht werden. Zu viel Leid und Schuld stehen zwischen uns. Aber wir wollen uns die Hand zur Versöhnung reichen!"

Mit diesen Worten kam Helen auf mich zu. Ich vermochte kein Wort über die Lippen zu bringen, sondern weinte viele bittere Tränen. Erst viele Jahre später konnte ich mit einem Journalisten darüber sprechen, der von mir

die Rechte für die Fotos von meinem Vater
erbat. Ihm sagte ich: „Sie sollen wissen, ich
bin nicht mein Vater." So weit der Bericht
der Tochter.

Mir selbst versagt sich jedes Urteil über
diesen Menschen, der für tausende Häftlinge und Juden zur Bestie geworden war. Gott
wird das letzte Wort auch über Amon Göth
sprechen, so wie er auch am Ende unserer
Tage das letzte Urteil über uns sprechen
wird. Für mich kann ich nur flehen: „Herr,
lass ein barmherziges Gericht über mich ergehen; denn wer kann vor dir bestehen?"
Lernen möchte ich auch von Helen, zum
Vergeben bereit zu sein. Welch einen Groß-
mut hat diese Jüdin an Monika bewiesen.
Aber für diese Tochter des Mörders wünsche
ich die Begegnung mit Jesus, der gerade für
Mühselige und Beladene, wie es im Neuen
Testament heißt, gekommen ist, um ihre
Wunden zu heilen und ihnen seine Liebe
zukommen zu lassen.

EINE HELDIN DES GLAUBENS

Heute wurde Helene Dück wie eine Königin zu Grabe getragen, und sie war es auch. 97 Jahre zählte ihr Leben. Auf sie treffen im übertragenen Sinne die Worte aus der Bibel zu, die wir in Daniel 12,3 lesen: „Die Lehrer aber werden leuchten wie des Himmels Glanz und die, die viele zur Gerechtigkeit weisen, wie die Sterne immer und ewiglich." In Matthäus 13,43 heißt es: „Dann werden die Gerechten leuchten wie die Sonne in ihres Vaters Reich."

Festlich war die Kirchhalle mit vielen Blumen und Kränzen geschmückt. Vor dem Altar stand der Sarg, in dem sie aufgebahrt lag. Sie trug ein schwarzes Kleid, und über ihren Kopf war ein Spitzentuch gebreitet. Ihre Hände waren wie zum Gebet gefaltet. Ein Chor sang Ewigkeitslieder, die die Freude an Gottes neuer Welt zum Inhalt hatten. Als der Sarg geschlossen wurde, lag ein sehr schönes Bouquet weißer Nelken auf dem Deckel.

Beeindruckend waren die Gesänge, die die Herrlichkeit Gottes im Himmel priesen.

Wenn nach der Erde Leid, Arbeit und Pein
ich in die goldenen Gassen zieh ein,
wird nur das Schaun meines Heilands allein
Grund meiner Freude und Anbetung sein.

Refrain:
Das wird allein Herrlichkeit sein,
wenn frei von Weh ich sein Angesicht seh.

Wenn dann die Gnade, mit der ich geliebt,
dort eine Wohnung im Himmel mir gibt,
wird doch nur Jesus und Jesus allein
Grund meiner Freude und Anbetung sein.

Dort vor dem Throne im himmlischen Land
treff ich die Freunde, die hier ich gekannt;
dennoch wird Jesus und Jesus allein
Grund meiner Freude und Anbetung sein.

Eine Reihe ihrer Enkel und Urenkel saßen unter den Sängern, und im Gedenken an ihre liebe Großmutter verschlug es ihnen zeitweise die Stimme. Tränen wischten sie sich aus ihren Augen. Auch wenn sie wussten, dass dieser liebe Mensch nun allen Schmerzen und Leiden enthoben war, war doch der Abschied mit viel Traurigkeit und Wehmut verbunden. Mit einem Gebet begann die Trauerfeier. Wie ein roter Faden zog sich die Freude auf die himmlische Ruhe durch die Würdigung dieses Lebens. Wie nahe liegen doch Hoffnung und Anfechtung beieinander.

Ihr angeheirateter Enkel, ein Pastor, begann seine Ansprache mit 2. Thessalonicher 1,7: „Euch aber, die ihr Bedrängnis leidet, will Gott, der gerecht ist, mit uns Ruhe geben, wenn nun der Herr Jesus Christus wird offenbart werden vom Himmel mit den Engeln seiner Macht."

„Wir sind dankbar", begann der Pastor die Predigt, „dass wir solch eine Großmutter haben durften. Nun ist ihr Lebensweg vollendet. Gott hat das Ziel, das er in jungen Jahren mit ihr begann, erreicht. Sie darf nun eingehen in die ewige Ruhe der Gotteskinder und das schauen, was sie auf Erden geglaubt hat. Wie viele Lieder hat sie mit uns Kindern gesungen und wie viele Gebete für und mit uns gesprochen. Sie war eine Beterin. Einer ihrer Enkel erzählte uns: ‚Oma hatte immer ein offenes Haus und Ohr für uns. Sie konnte wunderbar zuhören, und wir konnten ihr unsere geheimen Sehnsüchte und Wünsche anvertrauen.'

Wie sehr war es ihr ein Anliegen, dass alle Familienangehörigen den Weg unter das Kreuz finden und Jesus lieb haben. Sie ist uns nun vorangegangen, und wir dürfen ihrem Vorbild nachfolgen.

Schon als junge Frau wollte sie als Missionarin zu den Eskimos gehen. Aber diese Berufung, anderen die Heilsbotschaft zu bringen, wurde ihr durch die politischen Ereignisse verwehrt. Später aber hat sie erleben dürfen, dass eine Reihe ihrer Enkel im Dienst des Herrn aktiv wurden. Das hat sie mit Glück und innerer Genugtuung erfüllt. Unter ihrem wenigen Hab und Gut, das ihr verblieben war, befand sich auch ein Fotoalbum mit Missionaren. Für sie hat sie treu die Hände gefaltet. Als im Alter ihr Gedächtnis nachließ und sie die Namen vergaß, zeigte sie während des Betens immer mit ihrem Finger auf die einzelnen Bilder. Auch für ihre große Familie war es ihr ein dringendes Anliegen, ihre Freuden und Nöte vor Gott zu bringen. Und jetzt, da ihr Lebensweg vollendet ist, wird sie mit Jesus darüber sprechen, dass er doch all die Enkel und Urenkel, die sie nicht mehr kennenlernen kann, in seine Gemeinschaft aufnehmen möchte. Jesus soll für keinen von ihnen umsonst gestorben sein.

Oma wird für uns immer ein Vorbild bleiben, weil sie nicht nur gut im Glauben angefangen hat, sondern auch in Not, Mühsal, Verfolgung, Gefängnis und Verlust ihres Lebenspartners daran festgehalten hat: Jesus ist mein Herr, und er bleibt es auch für immer und ewig. Er macht keine Fehler.

Wir wollen nun auf ihren Lebenslauf aufmerken:

Helene Dück wurde am 23.1.1910 auf der Krim geboren als drittes Kind von Peter und Maria Brauer. Ihre Familienglieder waren bewusste Christen, und in dieser Gottesfurcht wurde sie auch erzogen. Ihr Weg führte sie später nach Franztal in die Ukraine. Hier besuchte sie die Gottesdienste und fand durch eine klare Entscheidung den Weg zu Christus. Sie hatte ein inniges Verlangen, dem Herrn treu nachzufolgen. Im November 1928 heiratete sie, und zunächst war ihr das Glück mit ihrem Mann hold. Aber diese Zeit währte nicht lange. Schon nach

9 Jahren – im November 1937 – wurde ihr Mann wie viele andere Christen in Russland verhaftet und verbannt. Sie hat ihn nie wiedergesehen und blieb 70 Jahre lang Witwe. Ihm wollte sie für immer die Treue halten und hat nie den Versuch unternommen wieder zu heiraten. Es ist noch ein letzter Brief ihres Mannes erhalten geblieben, den er ihr im Januar 1934 geschrieben hat:

Mein teurer Schatz!
Gott zum Gruß, wünsche ich dir viele Schutzengel. Ich denke heute so besonders an dich. Weißt du, Helenchen, weshalb? Dein Geburtstag ist ja im Anzug. O möchte der Herr dir auch im 24. Lebensjahr wieder eine gute Gesundheit, frohen Mut, geistliche Frische und den teuren Glauben erhalten. Du brauchst so viel Kraft. Möge dir Gott dies im reichen Maße zuteilwerden lassen. Als Geleitwort zum Eintritt in das 24. Lebensjahr, teure Lena, wünsche ich dir Psalm 55,23: „Wirf dein Anliegen auf den Herrn, er wird dich versorgen und wird den Gerechten nicht ewiglich in Unruhe lassen." O welch ein köstliches Wort! Was mag es sein, das dein Herz kränket? Sage es Jesus allein.

Das wollen wir tun, mein Herz! Wir wissen nicht, was die Zukunft uns bringt, aber im Vertrauen auf den Herrn schrecken wir nicht davor zurück. Die Brotkarten für Februar sind uns wieder in Aussicht gestellt. Peter wird dir vieles mitteilen. (Peter wird ein Arbeitskollege gewesen sein). Frage nur nach allem, das dich interessiert. Ich will am Nachmittag noch in die Stadt gehen und schicke dir noch eine Geburtstagskarte. Draußen ist regnerisches Wetter, doch sehr gelinde. In inniger Liebe dein Heinrich.

P. S.: O, mein teures Herz! Ich möchte weinen und weglaufen zu dir, als ich las, dass du dich während deiner Krankheit so sehr nach mir gesehnt hast. Dann konnte ich mich nicht mehr halten, und die Tränen flossen mir über meine Wangen. O, gebe uns der Herr noch glückliche Tage in unserem Leben. Falls sich deine Krankheit verschlimmern und lebensgefährlich werden sollte, wovor uns Gott bewahren möchte, so bitte ich, keine Mittel zu sparen, um zu telegrafieren, und zwar unverzüglich. Urlaub werde ich in solchem Fall bekommen. O möge

sich Gott deiner und unserer lieben Kinder
erbarmen. Auch mit Mimi müsste es bald
besser werden. Ich will dir noch ein Gedicht
schicken. Ich denke, es passt für unser Leben,
in dem so viel Rätselhaftes vorkommt.

Weshalb?
Deshalb, mein Kind, damit du lernst vertrauen und stille sein
und statt auf eignes Können nur zu baun, auf mich vertraun!
Deshalb, mein Kind, nehm ich dich in die Stille und die Zucht,
weil deine Heiligung mein Gnadenwille treulich sucht.
Deshalb, weil du am Weinstock eine Reb', beschneid ich dich,
damit sie mehr der guten Früchte geb', zur Ehr für mich.
Deshalb, mein Kind, lass ab mit deiner Klage in Last und Leid,
deshalb wirst selbst du freudig danke sagen in kurzer Zeit.
Deshalb, bald wirst du's voll und ganz verstehn, was ich gemeint.
Bis dahin aber lern den Weg im Glauben gehn, der dunkel scheint.

Wie oft wird Helene diesen Brief und das Gedicht gelesen haben. Es ist ihr sogar gelungen, es auf ihren vielen Irrfahrten bis nach Deutschland hinüberzuretten. Diese Zeilen sind ihr bis zu ihrem Tod erhalten geblieben.

In dieser anfechtungsreichen Zeit fand sie immer wieder den Trost im Wort Gottes. Auch das Gespräch mit ihrem himmlischen Vater war ihr Hilfe, und sie hat es oft gesucht. Nie mehr hat sie erfahren, wo ihr Mann verblieben ist, und ihr viertes Kind, mit dem sie vor seiner Verhaftung schwanger war, hat er nie kennenlernen dürfen. Wahrscheinlich ist er wie viele Christen um Jesu willen erschossen worden. Er konnte es nicht lassen, die Botschaft des Evangeliums zu verkündigen, und das war den Sowjets ein Dorn im Auge. Stalin hatte nämlich angeordnet, dass die Christen mit Stumpf und Stiel ausgerottet werden sollten.

In dieser fast ausweglosen Lage standen ihr der Vater und auch der Bruder zur Seite und halfen ihr, wenn sie nicht mehr weiterwusste. Ihre Mutter war schon 1934 verstorben.

1941 wurde dann die Ukraine von den Deutschen besetzt. Auch das Dorf Franztal war davon betroffen. Nun kehrte in unserem Dorf Glaubensfreiheit ein. Die Gläubigen konnten sich wieder in ihrem Gotteshaus versammeln, was unter Stalin gar nicht möglich war; denn die Bethäuser waren mit einer so hohen Steuer belegt, dass es den Christen unmöglich war, diese aufzubringen. Ich weiß von einem Ort, wo ein Kleinbauer seine letzte Kuh verkaufte, nur damit das Bethaus für die Gemeinde erhalten blieb.

Auch unserer Oma war es in der neu gewonnenen Freiheit möglich, die Kinder um sich zu scharen und sie zu Jesus zu führen. Wunderbar konnte sie biblische Geschichten erzählen. Sie malte den Kleinen Jesus vor Augen, so als stünde er mitten unter ihnen und redete selbst mit ihnen. Doch diese Zeit war sehr begrenzt.

1943 musste die Familie das Dorf verlassen und in den Westen umsiedeln, da die russische Front näher rückte. Auf dieser Reise starb ihr Vater, der so liebevoll für die Familie gesorgt hatte. Das war für sie alle ein schwerer Verlust. Die Schwarzmeerdeutschen, wie sie genannt wurden, kamen nun nach Litzmannstadt in den Warthegau, das ist das heutige Lodz, wo sie aber nur ein knappes

Jahr bleiben konnten. Dann hieß es wieder, das Bündel zu schnüren und westwärts ins Deutsche Reich umzusiedeln.

1945 eroberte die russische Armee Deutschland, und alle Schwarzmeerdeutschen wurden registriert und zurück nach Russland befördert. Es folgte eine gefährliche und notvolle Zeit. Meist waren die Familien ohne Männer. Diese befanden sich in Arbeitslagern in der sogenannten Trudarmee. Nun mussten Frauen und Kinder in den Wald gehen und Bäume fällen. Diese Arbeit war noch dadurch erschwert, weil es am nötigen Werkzeug fehlte. Mühsam und gefährlich war dieses Tun. Die Unterbringung der Familien war katastrophal.

Was ihnen geholfen hat, diese Not zu ertragen, war das Wort Gottes. So versammelten sich die Gläubigen auch unter widrigen Umständen zum Bibellesen und Gebet. Aber dann nahm die Miliz daran Anstoß. Die Andachten wurden ihnen verboten. Man warf ihnen vor, gegen die Sowjets zu agieren und einen Umsturz herbeizuführen.

Helene wurde, da sie es nicht lassen konnte, sich weiter zum Gottesdienst in den Erdhütten und Baracken zu versammeln, gefangen genommen und zu 25 Jahren Haft verurteilt. Nun war sie von ihren Kindern getrennt und wusste nicht, ob sie sie jemals wiedersehen würde. 25 Jahre Straflager waren für diese Mutter von vier Kindern, deren Mann auch schon in der Verbannung leben musste, eine Katastrophe. Der Richter, der sie verurteilte, sah die Not dieser Mutter und redete ihr zu: ‚Du brauchst doch nur deinem Jesus abzuschwören. Unterschreib einfach, dass du nicht länger an Gott glauben willst. Was du in deinem Herzen denkst, interessiert uns nicht. Schwör Gott ab, unterschreib dies, und du kannst sofort zu deinen Kindern nach Hause gehen.' Helene war zumute, als stünde der Teufel direkt vor ihr und wollte sie zum Bösen versuchen. Wie raffiniert war er. Er traf sie an der wundesten Stelle. Ein Kampf setzte in ihrem Inneren ein, und der Widersacher flüsterte ihr zu:

Du musst ja nur unterschreiben. Im Herzen kannst du ja an Gott festhalten. Schwör Jesus ab. Dies war wohl die schwerste Versuchung ihres Lebens. Sie kämpfte mit dem Satan, aber Gott erwies sich als der Stärkere und besiegte die teuflische Macht. So sagte sich Helene: ‚Jesus hat aus Liebe zu mir sein Leben am Kreuz geopfert, um mich aus dem Bann der Sünde und des Teufels zu erretten. Ich bin ihm sehr wertvoll. Wie könnte ich ihm da den Rücken kehren? Nein, nein, ich will nicht abtrünnig werden. Niemals will ich meinen Herrn verleugnen. Bis der Tod mich von dieser Erde nimmt, will ich ihm angehören. Wie heißt es in der Schrift: Wer beharrt bis ans Ende, der wird selig.'

Ihre Kinder kamen nun zu ihrer Schwester, die wunderbar für sie sorgte. Aber es folgten anfechtungsreiche Zeiten für sie. In einem Gedicht verlieh sie ihren Ängsten Worte:

Es nahet die Nacht so ernst und so still.
Mein Herz beschleicht ein banges Gefühl.
Da naht der Versucher, der Satan, und spricht:
„Was sprichst du von Friede und Freude und Licht
und nennst dich geführet von deinem Herrn?
O sei nicht so töricht, hab Acht und dann lern:
Meine Diener, die leben in Freiheit und Lust,

Angst und Sorg um die Seele quält nicht
ihre Brust.

Sie arbeiten, wirken und haben ihr Brot,
haben Ansehen und Ehre, und du leidest
Not.

O sage die Wahrheit, was nennest du
Glück?

Du bist eine Mutter, o denk doch zurück.

Deine Kinder, einst rotwangig, munter
und schön,

jetzt krank, bleich und hungrig sie hin-
welken sehn.

Du lebest in Not und sagst, du tust's gern
aus Lieb und Gehorsam für deinen Herrn.

Verlierst Zeit und Kraft und leidest nur
Schmerz.

Dazu vergeuden die Meinen nicht Zeit,
sie leben in Lust, mir zum Dienst stets bereit.

Und es lohnte sich wirklich, wenn's Wahrheit war,

dass zum Himmel ihr kämt, holte euch
der Herr?

Ihr aber seid auf dem breiten Wege,
der zum Himmel führt, drum überlege.

Dann wirst du glücklich durchs Leben
gehn,

denn umsonst ist dein Beten, dein Weinen, dein Flehn."

So sprach der Versucher und eilte dann fort,

seine Arbeit zu tun am anderen Ort.

Ich aber fühlte die teuflische Macht.

Ja, draußen ist's finster, im Herzen ist's Nacht.

Ich kann, Herr, nicht glauben, ich kann nicht verstehn.

Ist's wahr, dass wir doch einst verloren gehn?

Traurig sank ich aufs Lager, vom Schlaf übermannt.

Wohl keiner meiner Lieben diesen Kampf hier geahnt.

Im Herzen ist's finster und draußen ist's Nacht,

doch droben im Himmel der Vater wacht.

Wacht über die Seelen und tritt dafür ein,

dass keines der Seinen verloren soll sein.

Fasse Mut, der du zagest, er gibt auf dich Acht,

und singe: „Wie dunkel ist manchmal die Nacht.

Schon dämmert der Morgen, vorüber die Nacht.

Rings reget sich Leben, auch ich bin erwacht."

Noch fühl ich den Druck, der mein Herze beschwert,

noch fehlt mir die Ruh, die mein Innres begehrt.

O Herr aller Herren, die Stürme du stillst,

mach still auch mein Herze, ich will, wie du willst.

Will gern deinen Weg gehn, ob dunkel er mir.

Dir, dir will ich folgen, vertrauen nur dir.

Auch fleh für die Meinen ich glaubend und weiß,

du wirst sie erretten um jeden Preis.

Und forderst, o Heiland, den Preis du von mir,

still will ich mich beugen und folgen nur dir.

Lass stark deine Kraft in uns Schwachen sein,

und nimm uns zu dir in den Himmel einst ein.

Und köstlicher Friede durchströmte mein Herz,

verscheucht waren Unglaube, Zweifel und Schmerz.

Geborgen in Jesus, im Innern es klingt:
„Wenn Friede mit Gott meine Seele durchdringt,
mir ist wohl, mir ist wohl in dem Herrn."

Aber nach Gottes weisem Rat wurde Helene nach fast drei Jahren aus der Haft entlassen. Eine Amnestie befreite sie aus dem Gefängnis. Nun konnte sie ihre Kleinen wieder in die Arme schließen. Freude erfüllte ihre Herzen. 1959 zog sie mit ihren Kindern nach Kasachstan. Dort wohnten sie bei ihrem Schwager und ihrer Schwester und schlossen sich einer Baptistengemeinde an. Jetzt war die politische Verfolgung für die Christen eingedämmt worden.

1979 aber brachen sie abermals auf und siedelten nach Litauen über. Dieses viele Reisen in ungewisses Land hätte Helene nicht durchstehen können, wenn sie nicht Jesus als ihren besten Freund und Begleiter auf ihrer Seite gehabt hätte. Er wurde für sie ein Fels in der Brandung, sodass die stürmischen Wogen sie nicht in die Tiefe reißen konnten.

Einmal schenkte ihr ein Künstler ein Bild. Darauf stand mitten im aufbrausenden Meer ein gewaltiger Fels. Dorthin hatte sich eine Schiffsbrüchige gerettet und klammerte sich mit beiden Händen fest daran. Dieses Bild war ihr ein Vermächtnis. ‚So ist mein Leben‘, konnte sie sagen. ‚Die Wasserwogen schlagen mit aller Macht an den Fels, aber ich klammere mich an ihn. Jesus ist mein Fels in der Brandung. Er hält mich und lässt mich nicht versinken. So kann ich den gefährlichen Fluten entkommen und gerettet werden.‘

Später führte sie ihr Weg nach Deutschland. 1980 trat sie der Gemeinde der Evangeliumschristen bei.

Ihr Leben war sehr reich. Das zeigt sich auch an ihrer Nachkommenschaft. Sie hatte vier Kinder mit Partnern, 36 Enkel mit Ehepartnern, 119 Urenkel und drei Ururenkel. Es war ihr immer ein glückliches Erleben, wenn ihre Kinder, ob groß oder klein, sie besuchten.

Ein Enkel berichtet: Ich bin sehr dankbar für meine Oma. Ihr Leben war sehr bewegt. Viele Male musste sie von einem Ort zum anderen ziehen. Oft waren es Erdlöcher oder windschiefe Baracken, in denen sie mit ihren Kindern eine Bleibe fand. Hunger und Armut haben sie in dieser Zeit der Verbannung gequält, als sie weit hinter die Wolga verschleppt wurden. All ihre Habe mussten sie dabei zurücklassen und lebten von der Hand in den Mund. Aus diesem Grund liebte sie das Lied, das ihr Hoffnung gab, einmal an einem Ort zu sein, wo sie wirklich Ruhe, Liebe und Geborgenheit erfahren würde. So sehnte sie sich nach der Stadt im Himmel, wo sie frei von Not und Leid in der Gegenwart ihres Herrn leben konnte. Ich kann sagen, dass meine Oma in ihrem ganzen Dasein von diesem Sehnen geprägt war.

Eine Stadt dort im Himmel
frei von Not und Herzeleid.
Herrlich wird es sein,
Dort bin ich daheim.
Wo kein Mensch mehr wird sorgen
noch wird weinen.
Eines Tages werde ich's schauen.

Chorus:
Nicht mehr lang, nicht mehr lang
wird es dauern.
Nicht mehr fern, nicht mehr fern
wird es sein.
Dann bin ich dort,

wo kein Mensch je wird trauern.
Diese Freude sie ist mein.
Goldene Stadt.
Perlentore strahlen wie ein Diamant.
Das ist mein Zuhaus.
Jesus ging voraus.
Er hat mir
eine Wohnung dort bereitet.
Eines Tages werd ich's schauen.

Für Oma Dück ist ein lang ersehnter Wunsch, daheim beim Vater im Himmel zu sein, in Erfüllung gegangen. Ihr Leben war ein Wandern in der Wüste, ihr Glaube wurde oft bedrängt. Sie sehnte sich immer nach einem Ort, wo sie ihren Glauben ungehindert leben konnte. Dieses in der Krim und in der Ukraine lebende Volk war sehr strebsam und fleißig. Die Menschen bauten ihre Existenz immer wieder neu auf, wenn sie ihnen zerstört war. Die Nöte, in die sie gerieten, bewirkten auch, dass diese Christen immer wieder die Nähe zu ihrem Gott suchten. Wohlstand und Reichtum können dem Glauben abträglich sein. Hier in Deutschland fehlt es uns an nichts. Wir haben mehr, als wir zum täglichen Leben brauchen. Nehmen wir unseren Glauben ernst wie in Notzeiten und in der Verbannung? Das war die bedrängende Frage unserer Oma, und sie bewegte immer wieder das Wort: Was hülfe es dem Menschen, wenn er die ganze Welt gewönne und nähme doch Schaden an seiner Seele. Hingabe an Jesus ist das Dringlichste. Durch die Anfechtung und Anfeindungen wuchs ihre Sehnsucht nach der himmlischen Heimat. Aber ihr war auch bewusst, dass wir einmal mit leeren Taschen vor Gott stehen werden. Nur der Glaubensweg ist sicher. Das wahre Leben vollzieht sich in der Begegnung mit Gott in Demut und Beugung. Darin war uns Mutter Dück ein Vorbild. Am Ende ihres Lebens sagte sie: ‚Mir ist manchmal zumute, als stünde ich vor einer Bergkette, wo alle Höhen vom Glanz der Gnade überstrahlt stehen. Die Todestäler sind verschwunden und ich fühle mich in der Hand meines Heilandes geborgen, denn meine Zeit steht in seinen Händen.‘

Es war schon beeindruckend, was die Enkel an ihrer Oma bewunderten und in der Feier als Dank vorbrachten:

Von Oma fühlte man sich immer verstanden.

Sie war eine reife Persönlichkeit im Glauben.

Sie lebte auch in kleinen, alltäglichen Dingen in Abhängigkeit von Gott.

Sie hat viel gebetet. Mission war ihr ein wichtiges Anliegen.

Sie glaubte fest daran, dass alle Enkel und Urenkel den Weg mit Jesus gehen würden.

Ihre Dankbarkeit war vorbildlich.

Ich schätzte ihre Freude an Gott und ihren unerschütterlichen Glauben.

Ihr Vertrauen auf Gott möchte ich auch haben.

Ihr Lächeln bleibt mir immer im Gedächtnis.

Ihr Gebetsleben und ihre innige Beziehung zu Gott waren und bleiben mir ein großes Vorbild.

Sie hat nicht nur in ihren Erinnerungen gelebt, sondern auch Interesse an meinem Leben in der Gegenwart gehabt.

Oma konnte gut zuhören und wusste fast immer Rat.

Ich wünsche mir, dass ich im Alter auch einmal so pflegeleicht bin wie Oma.

MEIN PUDEL HAT MIR DAS LEBEN GERETTET

„Schwer ist's mir ums Herz", klagte Frau Hagebusch. „Der Abschied von meiner Molly rückt mit jedem Tag näher. Ich weiß, dass ich jetzt meinen Pudel hergeben muss. Alt ist er geworden, und für viele Jahre war er mir ein treuer Begleiter und guter Freund. Aber nun stellen sich immer neue Krankheiten bei ihm ein. Sein Augenlicht hat er schon fast ganz verloren. Sein Magen will keine Nahrung mehr aufnehmen. Das einst so schöne Tier ist ganz abgemagert. Sein Fell ist ruppig geworden, und an einigen Stellen schimmert schon seine Haut durch. In den letzten Wochen ist noch eine schwere Nierenerkrankung hinzugekommen, und ich musste meine Wohnung mit Kunststoffplatten auslegen. Der Hund kann das Wasser nicht mehr halten. Oft sitzt Molly in ihrem Korb traurig da, und es bricht mir fast das Herz, wenn ich daran denke, dass ihre Tage gezählt sind.

Molly ist ein besonderes Tier. Viele Jahre

gehört sie schon zu unserer Familie. Ich bin ihr so zugetan, weil sie mir sogar das Leben gerettet hat. Nach dem Tod meines Mannes hatte mich eine tiefe Depression erfasst. Ich wollte nicht mehr leben. Auf meinem Wohnzimmertisch lagen schon die Schlaftabletten. Ich wollte nur noch alles ordnen und dann langsam und still hinüberscheiden in eine andere Welt. So hockte ich auf meinem Sofa und hing trüben, schwermütigen Gedanken nach. Vor mir auf dem Teppich lag Molly und kuschelte sich an meine Füße. Mit ihren großen Augen sah mich das Tier an, so als wollte es mich fragen: ‚Und was wird nun mit mir, wenn du mich auch noch verlässt?‘ Schlagartig wurde mir bewusst: Ich darf mir nicht das Leben nehmen. Molly braucht mich. Ich trage Verantwortung für mein Haustier. Wie Schuppen fiel es mir von den Augen, dass ich ja für meinen Pudel sorgen muss. Wir haben keine Kinder oder Verwandte, die unseren Hund betreuen könnten. Nein, ich werde die giftigen Pillen nicht schlucken. Noch heute gehe ich zu meinem Hausarzt und will mit ihm reden, wie ich die Tiefen der Schwermut überwinden und neuen Lebensmut gewinnen kann, beschloss ich. Ich nahm Molly in meine Arme und drückte das Tier an mich. Ich spürte seine Wärme, und mir war zumute, als würden mir seine Augen sagen: ‚Gut, dass du bei mir bleibst!'

Seit diesem Tag, da mich Molly auf meine Verantwortung hingewiesen und mir die Lebensfreude wiedergeschenkt hat, verbindet mich eine tiefe Liebe zu meinem Pudel. Er ist für mich etwas ganz Besonderes. Aber nun ist die Zeit gekommen, dass ich von ihm Abschied nehmen muss. Der Tag bleibt mir überlassen, wann ich ihn zum Einschläfern bringe. Ich schiebe diesen Termin wie eine schwere Last vor mir her. Der Tierarzt warnte mich und sagte: ‚Lassen Sie Ihren Hund nicht so lange leiden. Sie sehen doch, wie elend er sich fühlt.' Und so werde ich jetzt die Entscheidung treffen. Morgen will ich den schweren Gang antreten, Molly in meine Arme nehmen und in die Tierarztpraxis bringen. Heute Nacht aber darf Molly, was sie eigentlich nie tun durfte, neben mir im Bett schlafen. Ich brauche die Nähe meines Lieblings. Was mich trösten wird, ist die Erinnerung an viele wunderbare Spaziergänge mit meinem Hund. Er war im Urlaub immer an meiner Seite, wenn wir im Allgäu um den See liefen und vor uns die Berge majestätisch gen Himmel ragten. Molly wird mir für immer das besondere Geschenk bleiben, das mir viele Stunden der Einsamkeit und Betrübnis erhellt hat. Für diese Nähe zu meinem Pudel will ich Gott danken. Wunderbar hat er das Tier geschaffen. Es war mein treuer Freund an meiner Seite und mein Lebensretter. Die Erinnerung und der Dank zu Gott mögen mir helfen, den Verlust meines Lieblings zu verschmerzen."

DER GEBURTSTAGS-
GOTTESDIENST

Zu einem besonderen Gottesdienst hatte uns unser Sohn eingeladen. Aber mein Mann und ich waren skeptisch, ob wir bei der Wetterlage kommen könnten, und sagten zunächst ab. Es war draußen bitterkalt. Schnee und Eis machten die Wege oft unpassierbar. Da bleibt man am liebsten in seinen warmen vier Wänden und vergnügt sich seine Tage mit einem spannenden Buch. Als Daniel den Hörer aufgelegt hatte, wurde uns erst bewusst, wie enttäuscht er war. Er hätte uns gerne in seiner Mitte gehabt. Als wir am nächsten Morgen aus dem Fenster schauten, sahen wir, dass kein neuer Schnee vom Himmel gefallen war. Es hatte sogar etwas Tauwetter eingesetzt.

Spontan rief ich meinem Mann zu: „Komm, Karl-Heinz, lass uns nach Bad Zwesten fahren. Die Straßenverhältnisse haben sich zum Besseren gewendet." Wir tranken schnell noch unseren Kakao aus, mein Mann holte das Auto aus der Garage, und schon ging es Richtung Kassel. Pünktlich bis 11 Uhr würden wir es zwar nicht schaffen, das Gotteshaus zu betreten, das war uns bewusst. Drei Minuten nach Beginn des Gottesdienstes parkten wir unser Auto vor der Kirche. Ein mächtiger Gesang hallte schon bis auf die Straße zu uns herüber.

„Großer Gott, wir loben dich!
Herr, wir preisen deine Stärke!
Vor dir neigt die Erde sich
und bewundert deine Werke.
Wie du warst vor aller Zeit,
so bleibst du in Ewigkeit.
Herr, erbarm, erbarme dich!
Auf uns komme, Herr, dein Segen!
Deine Güte zeige sich
allen der Verheißung wegen.
Auf dich hoffen wir allein;
lass uns nicht verloren sein."

Diesem Gesang spürte man ab, dass die meisten Männer in einem Chor sangen. Da unser jüngster Sohn immer gerne mehrere Strophen singen lässt, gelang es uns, unauffällig noch während des Liedes die Kirche zu betreten. Auf der letzten Bank waren gerade noch zwei Plätze frei, und ein junger Mann schob uns das Liederbuch zu. Einige der Besucher kannten uns und winkten uns freundlich zu. Als dann Daniel an den Altar trat, entdeckte er uns sofort. Ein fröhliches Lächeln überflog sein Gesicht, und er begrüßte uns vor seiner Gemeinde sehr herzlich. Mit unserem Kommen hatten wir ihm eine große Freude bereitet.

Da er seinen 38. Geburtstag feierte, wollte er seiner Gemeinde Anteil an seinem Leben geben. Er stellte seine Predigt unter den Gedanken, was Menschen ihm auf dem Weg des Glaubens bedeuteten. So begann er:

Dieser Tag lässt mich zurückschauen auf mein Dasein. Es macht mich zutiefst dankbar, dass ich in eine christliche Familie hineingeboren wurde. In unserem Haus wurde viel gebetet: Morgens und abends und zu Tisch. Vor allen Dingen betete mein Vater mit mir, wenn in der Schule eine Klassenarbeit anstand. Damit nahm er mir die Angst. Als Nachzögling wurde ich geboren, und später erzählte man mir, dass Nachbarn und Bekannte sich wunderten, warum denn diese Familie zu ihren vier Kindern nun noch ein fünftes erwartete. Einige wüste Sprüche machten sogar die Runde. Erst als meine Mutter mit strahlenden Augen sagte, dass sie sich auf dieses Kind freute, ließen die Redereien nach. Als ich dann das Licht der Welt erblickt hatte, glich unser Haus einem Blumenladen, so sehr nahmen nun die Anwohner Anteil an unserem Glück. Bei der Geburt strahlte mein Vater, schaute mich von allen Seiten an und sagte zu meiner Mutter: „Lotte, wir haben ein schönes Kind. Der Junge hat jetzt schon einen Theologenblick. Prediger wird er werden." Meine Mutter war zwar noch schwach von den Strapazen der Geburt, konnte es aber nicht lassen, mit etwas ironischem Unterton zu sagen: „Na, Karl-Heinz, wenn alle Theologen mit so verkniffenem Blick in die Welt schauen, ist es um unsere Kirche schlecht bestellt." Aber mein Vater behielt recht. Schon gleich nach meinem Abitur wurde mir klar: Ich will Pfarrer werden.

Meine Schwester und meine drei Brüder waren ganz ausgelassen vor Glück, als sie am frühen Morgen erfuhren, dass sie noch einen Bruder bekommen hatten. Wie wild tollten sie durch das Haus und riefen laut: „Wir haben einen Bruder." Dann griffen sie zum Telefon und riefen die Großeltern, Onkel und Tanten an, die noch ganz schlaftrunken den Hörer abnahmen. Am liebsten wäre es ihnen gewesen, wenn die ganze Welt an ihrer Freude teilgenommen hätte. Als ich dann nach zehn Tagen das Krankenhaus verließ und in meine rote Wiege gelegt wurde, wollte mein Bruder Gottfried mich unbedingt in seine Schule mitnehmen und mich seinen Lehrern zeigen. Aber diesen Wunsch konnten ihm meine Eltern nicht erfüllen. Es ist einfach wunderbar, in einen solch liebevollen großen Geschwisterkreis hineingeboren zu werden. Nie habe ich mich fürchten müssen, wenn meine Brüder oder meine Schwester in meiner Nähe waren. Ich bin bis heute dankbar für den guten Zusammenhalt in unserer Familie.

In unserer Gemeinde wurden die Kleinen so zwischen zwei und fünf Jahren während des Gottesdienstes von einer Diakonisse betreut. Schwester Klara empfing mich immer mit offenen Armen. „Schön, mein Schatz, dass du wieder da bist", begrüßte sie mich. Unter den vielen Menschen, die bei uns den Gottesdienst besuchten, hatte ich immer Angst, meine Eltern könnten mich vergessen und ich würde nicht abgeholt. Ich blieb über viele Jahre ein ängstliches Kind. Aber Schwester Klara setzte mich auf ihren Schoß, sang mir kleine Liedverse vor, die ich schon gelernt hatte, oder erzählte mir eine biblische Geschichte. Wenn ich ihre Hand auf meinem Köpfchen spürte, war mir zumute, als stünde Jesus selbst vor mir und legte mir segnend die Hände auf. Schwester Klara verehre ich sehr. Sie leitete die Waschküche, in der jede Woche zwei bis drei Tonnen Wäsche gewaschen wurden. Das Krankenhaus, das Freizeitheim und das Mutterhaus sorgten dafür, dass die Diakonisse mit ihren Mitarbeitern nie ohne Arbeit war. In einer ihrer vielen Schubladen hatte sie neben den Waschmaschinen immer etwas Süßes versteckt, und ich verließ nie ohne ein Geschenk ihren Arbeitsplatz.

Schwester Klara war nicht die Einzige, die mich liebte. Viele Diakonissen zeigten mir, wie sehr sie sich freuten, wenn ich ihnen beim Spielen begegnete. Meist holten sie aus ihren weiten Rocktaschen Schokoladenriegel oder Bonbons hervor. Entdeckte ich eine weiße Haube, dann sprang ich schon der Schwester in die Arme. Noch heute weiß ich mich von ihren Gebeten getragen.

In froher Erinnerung schwelge ich, wenn ich an meine Jungscharzeit denke. Markus und Christoph waren meine Leiter. Wie viele frohe Spiele haben mich an den Nachmittagen erfreut, und die biblischen Geschichten, die sie uns ganz spannend erzählten, legten einen festen Grund in mein Leben. Heute ist mir in meinem Dienst in der Gemeinde der Dienst an den Kindern sehr wichtig.

Kürzlich musste ich im Kindergarten etwas abgeben. Plötzlich kam mir ein kleines Mädchen mit langen blonden Haaren entgegen und sagte: „Du, dich kenne ich doch. Es war in der Kinderbibelwoche so schön mit dir auf der großen Wiese. Machst du dieses Jahr wieder ein großes Fest mit uns? Lass es ruhig wieder eine ganze Woche dauern." Die Kleine hat mich neu daran erinnert, wie wichtig die Arbeit an den Kindern ist.

Bevor ich mein Studium der Theologie begann, habe ich eine Bibelschule in Hermannsburg besucht. Dort begegnete ich hervorragenden Lehrern, die mir für meinen Verkündigungsdienst bedeutsam geworden sind. Dr. Mann wurde mir für einige Jahre zum Begleiter und Seelsorger auf meinem Weg. Ein oder zweimal im Jahr besuchte ich ihn. Er nahm sich viel Zeit für mich und wanderte meist schnellen Schrittes mit mir durch die Lüneburger Heide. Ihm konnte ich alles anvertrauen, was mich erfreute oder aber auch belastete. Erst viel später bei seinem allzu frühen Heimgang in Gottes neue Welt erfuhr ich, wie stark dieser so begabte und bevollmächtigte Zeuge Jesu selbst angefochten war. Wahrscheinlich haben ihn gerade seine dunklen Stunden in die Arme Gottes getrieben und ihn seine große Barmherzigkeit erfahren lassen, die er dann andern weitergab.

Aber an diesem Tag heute gilt vor allen Dingen Ihnen, liebe Gemeinde, mein Dank. Ich freue mich über Ihren vielseitigen ehrenamtlichen Einsatz und danke Ihnen für Ihre treuen Gebete. Ich bin gerne Ihr Pfarrer, weil Jesus mein guter Hirte ist und mir diese Aufgabe hier in Bad Zwesten und meinen beiden Filialdörfern anvertraut hat.

Für uns als Eltern war dies ein froher Tag, und erneut wurde mir bewusst, welch wunderbare Gabe Gottes unsere Kinder sind.

Heute brachte mir der Postbote ein Päckchen in unser Haus. Es kam aus dem Ort Lauben in der Nähe von Memmingen. Ich wurde sofort an Frau Kachele erinnert, als ich den Absender betrachtete. Im Gästehaus „Allgäu Weite" waren wir uns auf einer Freizeit begegnet. Das Thema hatte sie wohl dorthin gezogen. Mein Mann und ich sprachen über Texte aus dem Jesajabuch „Leben unter Gottes Trost". Schon der erste Abend berührte unsere Herzen. Da ruft der Prophet aus: „Tröstet, tröstet mein Volk!" Wie wichtig dieser Trost von Gott ist, erfuhr ich in vielfacher Weise hier im Gästehaus.

An einem Nachmittag setzte ich mich mit Frau Kachele zusammen, und wir führten ein langes, intensives Gespräch. Diese Mutter erzählte mir den Lebensverlauf ihrer Tochter:

„Christine wurde am 25.10.1972 als drittes Kind geboren. Jedes meiner Kinder empfing ich mit großer Freude aus Gottes Hand. Schon vor der Geburt betete ich für sie und war überglücklich, wenn die Geburt gut überstanden war und ich ein gesundes Baby in meinen Armen hielt.

Unserer Tochter gaben wir den Namen Christine und verbanden damit auch den Wunsch, dass sie eine Christin werde und früh den Weg zu Gott finden sollte. Nichts macht Eltern glücklicher als dieses Ereignis. Schon sehr früh war sie von dem Beruf der Kinderschwester und später der Aufgabe als Hebamme begeistert. Letzteres hat sie dann für zwei Jahre nach Oberstdorf geführt.

Doch dann folgte eine Zeit, in der sie sich körperlich nicht wohlfühlte. Ständig war sie müde, und die Diagnose der Ärzte ließ die Familie erschrecken. Christine litt an Leukämie. Nun begann für sie ein langer Weg der Krankheit. Immer wieder musste sie Kliniken aufsuchen und sich behandeln lassen. Sie war eine echte Kämpferin. Gesund wollte sie werden und ihrem Beruf nachkommen. Aber der Krankheitsverlauf war wie eine Achterbahn. Mal schien sie geheilt und dann stürzte sie sich mit intensivem Elan in ihre Aufgabe. Sie stand Müttern in ihrer schweren Stunde bei, wenn sie zur Geburt ins Krankenhaus kamen. Aber es folgten dann auch Rückschläge, von denen sie sich nur schwer erholen konnte. Auch eine Stammzellen- und eine Chemobehandlung konnten ihr nicht die gewünschte Gesundheit bringen. Trotz vieler Medikamente gelang es den Ärzten nicht, diese Krankheit zu besiegen. Am 7. 9. 2004 holte Gott sie in seine neue Welt heim. Sie verstarb sehr jung mit nicht einmal 32 Jahren. Auch wenn wir Eltern und Geschwister wussten, dass Gott keinen Fehler macht, traf uns dieser frühe Heimgang von Christine sehr hart.

Schon als junges Mädchen hatte sie begonnen, Tagebuch zu führen. Mit diesen Aufzeichnungen will ich Sie, liebe Frau Bormuth, an all den Kämpfen und Siegen unserer Tochter teilhaben lassen. Vielleicht können diese Zeugnisse anderen Menschen zum Trost werden. Darum bitte ich Sie: Schreiben Sie in einem Ihrer Bücher über den glaubensvollen Lebensweg von Christine."

Ich lasse nun einzelne Eintragungen aus dem Tagebuch folgen:

Losung vom 7.9.2000: Zur Freiheit hat uns Christus befreit. So steht nun fest und lasst euch nicht wieder das Joch der Knechtschaft auflegen. Galater 5,1.

Vater, von dieser Freiheit, die nur deswegen da ist, weil du mich liebst und weil dein Sohn Jesus Christus bis ins Sterben hinein diese Liebe gelebt hat, habe ich noch so wenig verstanden. Ich komme mir oft vor wie ein kleines Kind, das Gehversuche unternimmt.

Mein Leben ist momentan davon gekennzeichnet, dass ich aufstehen will, es nicht kann, und dann wieder falle.

Ich erlebe deine Liebe zu mir jeden Tag, immer auf eine neue Art und Weise. Wie hat es mir vor dieser Woche gegraut. Ich wusste nicht, ob und wie der Abschlussabend TEAM SPIEL und der Gottesdienst vorbereitet werden sollten. Und jetzt war uns gestern Abend ein wirklich sehr guter Abschluss gelungen. Heute kommt Barbara mit mir zusammen, um den Abendgottesdienst vorzubereiten. In der Tat, es ist dein Tun, das sich hier in meinem Leben wieder einmal 100-prozentig unter Beweis stellt. Du hast mich lieb, nimmst mein Dasein in deine Hand und machst es sehr gut.

Und welche Rolle spiele ich dabei? Manchmal denke ich: Gut gemacht, leg einfach dein Leben in Gottes Hand, es gehört dir ja sowieso nicht mehr, der Herr weiß, was er mit mir machen will. Dann aber merke ich wieder, wie schnell mir diese Welt ein Joch der Knechtschaft auflegen will und ich auch das zulasse.

Jetzt komme ich zu dir, Vater, danke dir, dass du deine Liebe zu mir immer neu zum Ausdruck bringst. Ich brauche deine Freiheit. Fülle du mich damit aus.

22.12.2001

Gestern war ein Tag, ausgefüllt mit vielen unterschiedlichen Ereignissen. Zuerst die Geburt eines Mädchens, das die Mutter nicht haben wollte. O Vater, wie hat das wehgetan, das schreiende Kind nicht der Mutter geben zu dürfen. Gleichzeitig sah ich aber auch sehr deutlich, wie die junge Mutter unter all den Umständen gelitten hat. Ich musste daran denken, dass du einmal gesagt hast, dass du uns immer lieben wirst. Selbst dann noch, wenn eine Mutter ihr eigenes Kind vergisst, vergisst du uns doch niemals. Danke, dass ich sicher sein darf, dass du auch dieses Baby, die Mutter dieses Kindes und mich niemals vergessen wirst; denn du hast es versprochen.

23.4.2002

Danke, lieber Vater, für diesen neuen Morgen. Danke, dass ich gesund und fröhlich aufstehen darf, und ich möchte an diesem Morgen einfach noch einmal deine Größe und Vollmacht preisen. Ich staune so sehr über die Wunder, die du tust. Ich freue mich über dich, dass du meine Gebete hörst und erhörst. Und vor allem bin ich sprachlos, wenn ich sehe, wie du meinen Alltag in deine Hände nimmst und perfekt gestaltest. Du bist so gut zu mir. Ich weiß wirklich nicht, warum gerade ich das erleben darf, aber ich nehme deine Gaben voller Dankbarkeit und Freude entgegen. Auch für diesen neuen Tag sagst du mir zu, dass du mich beschenken willst mit deiner Hoffnung, und ich fröhlich in den neuen Morgen gehen kann. Ich habe einen großen Gott, den Allmächtigen, zum Vater. Es gibt wirklich keinen Grund, sich vor irgendetwas zu fürchten. Danke für deine Liebe zu mir, und auch ich liebe dich von ganzem Herzen.

17.6.2002

Herr, ich komme zu dir und ich stehe vor dir, so wie ich bin. Alles, was mich bewegt, will ich jetzt vor dich hinlegen.

Ich schäme mich, bin hilflos und traurig. Täglich trete ich deine guten Gaben, die du mir gibst, mit Füßen. Du hast mir neues Leben geschenkt, und das in doppeltem Sinn. Ich bin unfähig, mit diesem Geschenk vernünftig in Dankbarkeit umzugehen. Wie oft verachte ich meinen Körper, finde ihn nicht schön und mute ihm zu, viel zu viel ungesundes Essen zu verdauen. Mein Bauch und die Lust zum Essen sind mir zum Götzen geworden. Ich will diesem Götzen nicht mehr länger dienen, brauche deine Vergebung und heilende Kraft. Wie oft habe ich dich schon darum gebeten. Vater, bitte erhöre mich! Hab Erbarmen mit mir! Du hast gesagt, dass du ein zerbrochenes Herz nicht verachtest. Ich brauche deine Vergebung und deine Hilfe, um mich von diesen scheußlichen Götzen befreien zu lassen. In Jesus Christus bitte ich dich um Hilfe.

20.7.2003

Lieber Vater, ich danke dir für die Begegnungen dieses Tages mit dir und meinen Mitmenschen. Die vielen Gesichter, die deine Nähe und Freundlichkeit hier bei mir weitergegeben haben, und die Menschen am Telefon, die mir Mut zugesprochen haben. Danke, dass ich so reich durch meine Geschwister gesegnet bin, du beschenkst mich sehr, Vater! Am meisten aber hast du mich selbst wieder beeindruckt, der du mir durch deine Gegenwart neue Kraft und Stärke geschenkt hast. Danke, Vater, für diese innige Gemeinschaft mit dir. Danke, dass du dich selbst aufmachst, um mich zu stärken. Ich bin geehrt durch deine Barmherzigkeit und Gnade. Was kann ich sagen? Worte sind zu gering. Ich stehe nur da und staune über dein Wesen. Der allmächtige Schöpfergott macht sich selbst auf den Weg, um mich, sein Kind, zu segnen und mir zu sagen, dass er Freude an mir hat. Herr, ich bin nicht würdig, dies alles zu empfangen, und doch darf ich mich als Königstochter sehr über diese Ehre freuen. Ich glaube, an diesen Gedanken muss ich mich noch mehr gewöhnen. Das will ich lernen und üben. Vater, ich liebe dich von ganzem Herzen.

5. 10. 2003

Mein lieber Vater im Himmel, lange habe ich dir keinen Brief mehr geschrieben. Heute aber an Erntedank möchte ich mir wieder einmal Zeit dafür nehmen. Ich will zurückschauen auf die Ernte des vergangenen Jahres, auf das, was du Gutes und Schönes, aber auch Leidvolles in mein Leben gelegt hast: Ich danke dir für die Schönheit dieses Lebens, für meine neue Wohnung, mein eigenes, selbständiges Dasein und dafür, dass du immer mittendrin dabei bist. Die letzten Wochen hatten für mich sehr viel Eigenleben. Vieles war nicht mehr steuerbar. Mein Körper war all der Chemo überdrüssig. Das merkt die Seele natürlich auch und möchte natürlich nur noch so hinterher lahmen, sich einsperren, allein sein, nichts sehen und hören. Über vielem, was in den letzten Wochen geschah, stehen zwei Worte: Zu viel. Alles und Jedes konnte ich nicht mehr verkraften. Jetzt beginnen sich Körper und Seele langsam zu regulieren, und ich möchte dir danken, dass alles, was geschehen ist und noch geschieht, niemals ohne dich geschieht. Danke, dass du da bist, dass du zu mir hältst, dass ich mich nicht besonders anstrengen muss, um mir deine Liebe zu erhalten. Vor dir darf ich die sein, die ich bin. So bin ich geliebt, so bin ich gewollt. Du beschenkst mich zur rechten Zeit mit den rechten Worten, Menschen und Begegnungen. Tiefer will ich mich in dieses Vertrauen fallen lassen, dass du alles zu seiner Zeit richtig machen wirst. Danke für dieses mutmachende Buch von H. Nouwen, der mir gerade jetzt in den Zeiten des Leidens deutlich macht, dass Dankbarkeit auch in die Leidenszeit hineingehört. Du gebrauchst das Leid, um uns zu beschneiden. Beschnitten werden ist keine Strafe, aber für das Wachstum unerlässlich. Hilf mir zu üben, in Dankbarkeit zu leiden, Leid ins Leben zu integrieren, ihm nicht aus dem Weg zu gehen oder es zu ignorieren.

Und lass meine Zeit immer mehr zu deiner göttlichen Zeit werden, die wegsieht vom Zeiger der Uhr und hin zu dem Moment, in dem du mir oder andern durch mich begegnen willst. Vater, so danke ich dir noch einmal für deine Freundlichkeit und Liebe in meinem Leben. Du bist da, ich liebe dich.

27.4.2004

Nun ist es schon ein halbes Jahr her, dass ich dieses Gebetbuch zum letzten Mal benutzt habe. Vater, heute will ich wieder neu beginnen, meine Gedanken vor dir schriftlich zu ordnen und dir zu sagen, was mich bewegt. Du sagst mir heute Morgen, dass es in der Nachfolge auch immer Leiden um deinetwillen geben wird. Ich spüre, dass ich dieses Leid gerne umgehen möchte, mich lieber anpasse und tue, was alle tun. Ich brauche deine Hilfe, Jesus, die mir in meiner Schwachheit aufhilft, mich kräftigt, stärkt und vorbereitet auf solche Situationen. Gib mir Mut, für deine Wahrheit einzutreten, auch dann, wenn es mich viel kostet. Schließlich hat es dich alles gekostet, mich zu erlösen und mir die Freiheit der Kindschaft des Vaters zu schenken. Wie sollte ich dir da nicht alles hingeben? Nimm mich ganz, mein Leben gehört schon lange nicht mehr mir. Es soll von dir bestimmt sein, dir Ehre machen und deinen Namen rühmen. Ich möchte aufsehen zu dir, Jesus, deine Kraft kann in meiner Schwachheit mächtig werden. Du hast versprochen, dass du das, was du in mir begonnen hast, auch zu Ende bringen wirst. Danke für diese Erkenntnis!

28.6.2004

Du, mein liebender Vater, am Ende dieses Tages möchte ich dir meinen Dank und meine Freude bringen. Du beschenkst mich, du berührst mich, du weißt, was ich brauche, und kennst den rechten Ort und die rechte Zeit für alles, was geschieht. Danke für diese Zeit hier im Krankenhaus, die Begegnungen mit vielen Menschen, und vor allem die Begegnung mit dir, deine Zusage, dass du mein Brot des Lebens bist. Du hast mir meine Schuld vergeben und meinen Stolz und meine Eitelkeit durch deinen Sieg am Kreuz gebrochen. Danke für deine Zusage und die Bestätigung, dass du mich ganz heil machen möchtest. Jesus, ich liebe dich, ich danke dir und kann dir nur sagen: Sieh in mein Herz, prüfe es und sieh, dass ich es ehrlich meine. Jetzt danke ich dir für dieses wunderbare innige Beten. Ich habe eine tiefe Freude daran, in der Gemeinschaft mit dir Frieden zu finden. Oft weiß ich nicht, wie ich beten soll, aber du hast mir verheißen, für mich beim Vater im Himmel einzustehen, wenn mir kein Wort mehr über die Lippen kommen will. Du bist alles für mich. Was oder wer wäre ich ohne dich? Ein Leben ohne deine

Nähe ist mir unvorstellbar. Danke, dass ich mich auf dich in allen Lebenslagen verlassen kann. Gern und voll spannender Erwartungen bin ich deine Jüngerin und das Kind deines Vaters. Danke für dieses Vorrecht. Ich will dich ehren, loben und preisen für alles, was du in meinem Leben getan hast und noch tun wirst. Lehre mich deine Wege zu gehen. Dies alles sage ich dir, mein Vater. Ich liebe dich durch deinen Sohn Jesus Christus, der mir deine Liebe gezeigt hat und weiter zeigen wird. Amen.

Das waren die letzten Eintragungen in Christines Tagebuch. Immer schwächer wurde ihr Körper. In den folgenden Wochen wollte keine Hoffnung mehr aufkommen, dass sie die Leukämie besiegen könnte. Trauer, Angst und Not bedrückten die Familie, und vor allem ihr Bruder war ganz verzweifelt, als er sagte: „Warum muss bei uns immer so viel Schweres geschehen?" Er haderte mit Gott, denn der Gedanke, dass er seine Schwester bald verlieren müsste, quälte ihn sehr. Es war die Mutter, die vorschlug, schon mal die Losung des folgenden Tages zu lesen. Alle waren versammelt, als sie die Worte hörten: „Der Herr, euer Gott, versucht euch, dass er erfahre, ob ihr ihn von ganzem Herzen liebhabt." Auch der folgende Vers passte in die Situation: „Denn ihr sollt dem Herrn, eurem Gott, folgen und ihn fürchten und seine Gebote halten und seiner Stimme gehorchen und ihm dienen und ihm anhangen" (5. Mose 13,4). Da wurde der angefochtenen Familie klar: Mit Gott können wir nicht rechten. Die Frage, warum gerade wir in solchen Nöten stehen, wird sich in unserem Leben nicht beantworten lassen. Uns bleibt aber die Hoffnung auf den einen großen Tag, an dem wir Gott nichts mehr fragen müssen. Unsere Wegführung wird dann offen und deutlich werden, warum er Christine so früh in seine Herrlichkeit geholt hat. Wir wollen uns unter Gottes geheimen Ratschluss beugen in dem Wissen: Unser Herr macht keine Fehler. Trösten aber wird uns, dass Christines Lebensweg vollendet und sie uns am Tor der neuen Welt Gottes empfangen wird. Bis dahin ist unser Dasein noch von manchem Dunkel, von viel Leid und manchem Rätsel beschwert.

Der Tag ist schon im Anbruch, wo uns der

Tod im neuen Licht der Auferstehung einsichtig wird, und wir werden Jesus von Angesicht zu Angesicht begegnen und ihn mit all unseren Lieben, die uns im Sterben vorausgegangen sind, anbeten. Das Wort in der Offenbarung wird wahr: Gott wird abwischen alle Tränen von ihren Augen, und der Tod wird nicht mehr sein, noch Leid noch Geschrei noch Schmerz wird mehr sein; denn das Erste ist vergangen" (Offenbarung 21,4).

Still sind alle Familienglieder an diesem Abend zu Bett gegangen in der Gewissheit: „Der Tod ist die uns zugewandte Seite jenes Ganzen, dessen andere Seite Auferstehung heißt", wie es Romano Guardini sagt.

„Am Tag des Heimgangs", so erzählte mir die Mutter, „saßen mein Mann und ich an Christines Seite. Später kam dann noch die Pfarrfrau hinzu. Wir hielten still ihre Hand und mussten nun sehr tapfer sein, denn wir ahnten, dass nun ihre letzten Stunden angebrochen waren. Viele Worte waren nun nicht mehr am Platz. Aber wir sangen ihr noch zum Trost das Lied, das unsere Tochter auch sehr gern gesungen hat:

Stern, auf den ich schaue, Fels, auf dem ich steh,
Führer, dem ich traue, Stab, an dem ich geh,
Brot, von dem ich lebe, Quell, an dem ich ruh,
Ziel, das ich erstrebe, alles, Herr, bist du!

Ohne dich, wo käme Kraft und Mut mir her?
Ohne dich, wer nähme meine Bürde, wer?
Ohne dich, zerstieben würden mir im Nu
Glauben, Hoffen, Lieben, alles, Herr, bist du!

Drum so will ich wallen meinen Pfad dahin,
bis die Glocken schallen und daheim ich bin.
Dann mit neuem Singen jauchz ich froh dir zu:
nichts hab ich zu bringen, alles, Herr, bist du!

Danach bat uns unsere Tochter, dass wir nach Hause gehen sollten. Wahrscheinlich wollte sie diesen letzten Schritt in die Gegenwart ihres Herrn allein gehen. Betrübten Herzens sagten wir Christine Ade. Kurz darauf teilte uns dann das Krankenhaus ihren Heimgang mit.

Am 7.9.2004 hat Gott sein geliebtes Kind in seine Herrlichkeit abberufen. Drei Tage später fand dann in der evangelischen Kirche die Trauerfeier statt. Der Pfarrer hatte Christines Einsegnungsspruch zur Konfirmation als Predigttext gewählt: „Die auf den Herrn harren, kriegen neue Kraft, dass sie auffahren mit Flügeln wie Adler" (Jesaja 40,31). Neben der großen Familie waren viele Verwandte, Freunde und Bekannte gekommen, um Abschied zu nehmen. Das Gotteshaus war bis auf den letzten Platz gefüllt. Anschließend führte der Weg die Trauergemeinde zum nahen Friedhof. Dort fand dann die Beisetzung statt. Zum Abschluss wurde das Lieblingslied unserer Tochter vom Musikchor gespielt:

Ich bete an die Macht der Liebe,
die sich in Jesus offenbart;
ich geb mich hin dem freien Triebe, wodurch ich Wurm geliebet ward;
ich will, anstatt an mich zu denken,
ins Meer der Liebe mich versenken.

O Jesu, dass dein Name bliebe
im Grunde tief gedrücket ein!
Möcht deine süße Jesusliebe
in Herz und Sinn gepräget sein!

Im Wort, im Werk und allem Wesen
sei Jesus und sonst nichts zu lesen.

Auf ihrem Grabstein aber steht das Wort aus Psalm 71,6: „Bei dir, Herr, habe ich mich geborgen." Ein Leben voller Elend, Krankheitsnot und Kampf war nun zur Ruhe gekommen und fand seine Ausstrahlung in dieser Gewissheit: „Nichts, Herr, kann mich aus deiner Hand reißen."